W0274967

Kinderseelenallein

Ann Helena Neudek

# Kinderseelenallein

## Die Narben meiner Kindheit und wie ich ins Leben fand

Patmos Verlag

**VERLAGSGRUPPE PATMOS**

PATMOS
ESCHBACH
GRÜNEWALD
THORBECKE
SCHWABEN

Die Verlagsgruppe
mit Sinn für das Leben

*Hinweis des Verlags:*
*Dieses Buch beruht auf der wahren Geschichte von Ann Helena Neudek. Jedoch sind zum Zwecke des Persönlichkeitsschutzes Namen und Gegebenheiten verändert.*

Für die Schwabenverlag AG ist Nachhaltigkeit ein wichtiger Maßstab ihres Handelns. Wir achten daher auf den Einsatz umweltschonender Ressourcen und Materialien.

Bibliografische Information der Deutschen Nationalbibliothek
Die Deutsche Nationalbibliothek verzeichnet diese Publikation in der Deutschen Nationalbibliografie; detaillierte bibliografische Daten sind im Internet über http://dnb.d-nb.de abrufbar.

1. Auflage 2016
Alle Rechte vorbehalten
© 2016 Patmos Verlag der Schwabenverlag AG, Ostfildern
www.patmos.de

Umschlaggestaltung: Finken & Bumiller, Stuttgart
Umschlagabbildung: © Galle 77/photocase.de
Druck: GGP Medien GmbH, Pößneck
Hergestellt in Deutschland
ISBN 978-3-8436-0728-5 (Print)
ISBN 978-3-8436-0734-6 (eBook)

## Danke

Mein besonderer Dank gilt meinem Mann.
Für jeden einzelnen Tag, an dem er mir
seine bedingungslose Liebe schenkt.
Und weil er mir wieder und wieder das Leben rettet.

Auch gilt ein Dank meinen Eltern.
Dafür, dass ich auf der Welt bin.
Und weil sie, jeder auf seine Weise,
den Mut und die Kraft hatten, vieles zu ändern.

## Widmung

Ich schreibe diese Geschichte für Dich.
Weil Du Kind Deiner Eltern warst und bist und
weil Du Kinder hast und Mutter oder Vater bist oder
auch eben nicht und dafür Deine Gründe hast.
Ich habe meine und meine Geschichte dazu.
Und die möchte ich Dir erzählen.

Ann H. Neudek

*Der Himmel über mir*
*ist voller Sterne*
*und ich bin nur so klein.*

## Dünne Haut

Meine Beine sind aufgestellt und umspült vom salzig-lauwarmen Wasser. Kleine Perlen steigen vom Grund der Wanne auf und legen sich auf meine helle dünne Haut. Das Rauschen des Wassers, das sich noch in das Becken drängt, wird durchmischt vom Zwitschern der Vögel, dem leisen Brummen der weit entfernten Straße und den Stimmen der plaudernden Nachbarn, die durch das geschlossene Dachfenster dringen.

Die Sonne scheint und erhellt diesen kalten Wintertag. Sonnenstrahlen, gefiltert durch die Lamellen am Fenster, brechen sich in den Tropfen, die sich vor dem reißenden Fluss ihrer Sippe am Wannenrand in Sicherheit gebracht haben. Die kleinen Einzelgänger sammeln das Sonnenlicht, werfen es schillernd und vervielfacht zurück in ihre Umgebung und lassen es wie winzige Sterne über die Wasseroberfläche tanzen.

Ich beobachte das fröhliche Treiben um mich herum, sehe die Strudel, die sich bilden, wenn sich mein Brustkorb zur Atmung anhebt. Mein Blick folgt dem Strom hitzig nachfließenden Wassers, das das lauer werdende verfolgt, schließlich einholt und wohlig wärmend meinen Körper umschließt. Dort, wo der Wasserstrahl auf die ebene Fläche trifft, entstehen unzählige Bläschen. Sie toben miteinander umher und lassen sich endlich auf den kleinen dünnen Härchen meiner Haut nieder, die erst dadurch sichtbar werden. Wie ein Überzug aus Schnee, wie ein zarter Flaum aus Luft, transparent und leicht, legen sie sich auf meine Hüften, um meinen Bauchnabel, verstecken sich in den Höhlen meiner Achseln.

Sacht streiche ich mit meiner Hand darüber, knapp über der Wasseroberfläche und löse die ersten Bläschen von ihrem Ruheplatz. Ich spüre, wie sich die Härchen unter diesem sanften Druck biegen. Und noch ein Streicheln, über die Ellenbeuge,

meine Taille, verscheucht sie alle, sie drängen schwungvoll nach oben. Auf dem Weg dahin streifen, kitzeln sie die Stelle unterhalb meiner streichelnden Finger. Ein leichter Schauer durchfährt mich.
Ich lausche meinem Atem, nehme wahr, sauge alles in mich auf, jeden Laut, alles Licht, die Unterschiede der Temperatur, jede Berührung. Nur kurz empfinde ich das Jetzt und Hier. Schon spüre ich, wie sich die Haut meiner Finger verformt hat und zur Eile mahnt. Die Zeit hat mich zurück. In einer Stunde erwartet man mich in der Zahnklinik.
Eilig setze ich mich auf, stelle die Sohle meines linken Fußes auf meinen rechten Oberschenkel und beobachte kurz den Dampf, der von meiner Wade aufsteigt. Vorsichtig lasse ich das Rasiermesser darüber fahren, bis es mir eine makellose Hülle hinterlässt. Die scharfe Klinge blitzt auf, als ich sie anhebe. Sie wirft das Licht auf mein Handgelenk, dorthin, wo das Blut pulsiert, und erinnert mich damit fast spöttisch an all ihre Fähigkeiten. Schon schließt sich das Fenster der Leichtigkeit und der leise Hauch dieses sonnigen Moments ist wieder in Düsternis getaucht. Licht ist nicht mehr. Nur dünne Haut.

## Das Knistern

Ich sitze am Esstisch. Nach einer unruhigen Nacht sitze ich da, in meinem durchgeschwitzten Shirt und der verbeulten, geringelten Schlafhose, und schaue wartend aus dem Fenster. Hinter der Scheibe türmen sich Wolken über den weiten schneeverzierten Hügeln auf. Mein Gesicht schmerzt. Die linke Wange ist geschwollen und zwischen den oberen Zähnen stechen die Enden blauer Plastiknähte wie Nadelspitzen hervor. Meine lan-

gen, fettigen Haare hängen kraftlos neben meinen Wangen herunter. Die Strähnen sind plattgedrückt und wirken dunkler als sonst. Vier Tage ohne Wasser sind ihnen zu viel. Weitere drei Tage, dann ist Weihnachten. Seit ich erwacht bin, ist Adrian verschwunden. Vielleicht besorgt er noch ein letztes Geschenk? Oder hat er nun die Nase endgültig voll von mir? Ich sehe mein Spiegelbild im Fenster und könnte sogar verstehen, wenn er mich nicht mehr wollte. Ich bin blass. Und erschöpft. Ich ziehe die Schultern hoch bei dem Gedanken an die fünf Kieferoperationen der letzten zwei Jahre. Ständige Entzündungen, ständige Schmerzen. Diese letzte Operation vor vier Tagen aber war die schlimmste. Adrian war an meiner Seite und legte beruhigend die Hand auf mein zitterndes Knie. Der Arzt hatte uns gewarnt, dass es noch unangenehmer werden würde. Ich hatte Adrian angefleht, gerade deshalb noch einmal dabei zu sein.
„Nie wieder", hatte er danach gesagt, „werde ich mir so etwas ansehen!" Er war gereizt und schockiert. Ich hatte ihn überfordert und jetzt quäle ich mich mit Gewissensbissen und Vorwürfen gegen mich selbst.
Ich schließe die Augen. Und atme so regelmäßig, wie ich es nur kann. Die Schmerztablette bleibt ohne Wirkung. Aber vor dem Essen will ich nicht noch eine weitere nehmen. Mein Magen rebelliert bereits. Angespannt wärme ich mir die Hände an meiner Tasse und verliere mich in der Finsternis meiner Gedanken. Ich sitze da und habe Angst.

*Traurigkeit erobert Stille,*
*fließt in dich hinein.*
*Machtlos ist und bleibt dein Wille.*
*Nichts mehr fühl'n, nichts sein.*

*Stumm und schreiend die Gefühle,*
*wühlen sie dich auf.*
*Jeder Wimpernschlag die Mühle,*
*wie ein unendlicher Lauf.*

*Spür, wie Tränen dich durchdringen,*
*du vor Schmerzen bebst.*
*Dann und wann die einen gingen.*
*Wissend, dass du lebst.*

Ich höre, wie der Schlüssel sich im Schloss dreht, und halte die Luft an. Als die Tür sich öffnet und Adrian eintritt, atme ich wieder. Ein Windhauch streift meinen Nacken. Sein flüchtiger Kuss landet im Vorbeirauschen auf meiner rechten Wange. „Ist alles in Ordnung, mein Schatz?", rufe ich unsicher, als ich ein Knistern aus der Küche höre, das nicht von der Brötchentüte stammt. Für Spekulationen, was er dort tut, bin ich zu erschöpft. Außerdem bin ich hungrig. Den Tisch habe ich gedeckt, habe mich hin- und hergeschleppt von der Küche ins Esszimmer, mit fünf Sorten Marmelade und Honig, mit Servietten und Kerzen, für uns zwei, wie an jedem Morgen. Nur langsamer. Doch inzwischen ist der Tee in meiner rotkarierten Lieblingstasse kalt geworden.
Etwas Rätselhaftes geht hier vor. Mein Freund verhält sich seltsam. Aber bald ist Weihnachten, da kann das schon mal vorkommen, versuche ich mich zu beruhigen.
So hocke ich weiter regungslos am Fenster, in dem optisch erbärmlichsten Zustand, den ich mir vorstellen kann. Als ich Adrians Schritte höre, sehe ich auf und treffe auf einen verschwörerischen Blick aus seinen strahlend grünen Augen. Seit der ersten Sekunde war er der Mann, mit dem ich mein Leben teilen wollte. Seine längeren, blonden Haare verstecken die leich-

ten Segelohren und fallen in sein schönes Gesicht, das er nur alle paar Tage glattrasiert. Neben seiner langen, geraden Nase zeichnet sich ein helles Muttermal ab. Noch immer bin ich fasziniert von seiner sanften Stimme und seinen geschwungenen Lippen, die mich so oft zärtlich küssen. Bei jedem Blick auf ihn spüre ich Liebe. Mit jeder Faser meines Körpers. Selbst wenn er schnarchend neben mir liegt, empfinde ich so. Gelegentlich wünsche ich mir, ich könnte ihn weniger lieben. Vielleicht hätte ich dann weniger Sorge, ihn zu verlieren, weniger Panik, dass er mein wahres Ich erkennt, das Böse, das Dunkel und alles begreift, alles sieht und sich entsetzt abwendet.

Mein Herz schlägt mir bis zum Hals. Trotz seiner Miene rechne ich mit allem. Nur nicht damit, dass er nun vor mir auf die Knie geht und mir den soeben aus knisternder Alufolie gebastelten Ring unter die Nase hält. Er lächelt und vertreibt damit meine Furcht. Ich streiche die Haare aus meinem Gesicht, strecke meinen Rücken und beantworte seinen Blick mit einem Lächeln, das meine Grübchen hervorzaubert und alle Defizite meines momentanen Zustands wettzumachen versucht. Und so höre ich an diesem einundzwanzigsten Dezember diese eine magische Frage „Willst du mich heiraten?“ Meine Tränen sind noch schneller als mein „Ja!“, mit dem ich überglücklich zustimme.

Unser Verlobungskuss fällt äußerst zurückhaltend aus, mein derzeitiger Zustand fordert seinen Tribut. So sehen wir uns nur an, in tiefer Seligkeit.

„Du musst es wirklich ernst meinen“, ich schaue demonstrativ an mir herunter.

„Ja“, zwinkert er, „einen Antrag machen, wenn die Frau wunderschön zurechtgemacht ist, kann ja jeder!“

„Wann?“, frage ich.

„Am dreißigsten Dezember. Ich habe den letzten Termin des Jahres erwischt.“

In meine Freude mischt sich Sorge. Wie sollen wir das organisieren? Wie sollen wir so kurzfristig alle zusammenbekommen? Und die Papiere? In meinen Gedanken entsteht ein Chaos.
Vor einigen Wochen hatten wir, oder eher ich, nebenher darüber gesprochen, überhaupt und gar noch in diesem Jahr zu heiraten. Aber Adrian hatte keine klare Position bezogen. Alles blieb Spekulation, alles blieb in meinem Kopf. Und als die letzten Tage des Jahres dahingingen, ging meine Hoffnung mit. Adrian ist seit wenigen Monaten ohne Einkommen. Er sucht nach einer neuen Perspektive, denn seine Profikarriere als Radsportler ist Geschichte und als Trainer hat es nicht so recht geklappt. So käme eine Steuerrückzahlung durch eine kurzfristige Hochzeit sehr gelegen. Leise steigen Zweifel in mir auf. Ist das der Grund für seine Frage? Adrian liest meine Gedanken in meiner Mimik.
„Nichts da, ich heirate dich nicht wegen des Geldes", grinst er. „Davon machen wir im Sommer eine Feier. Die Trauung aber werden wir ... ganz klein halten. Einverstanden?"
„Wie klein?", frage ich vorsichtig.
„Nur wir zwei", entgegnet er.
Ich spüre ein Kribbeln. Wir zwei. Nach und nach rieselt die Erkenntnis in mein Bewusstsein. Niemand anderen als Adrian hätte ich je heiraten wollen. Und nun wird mein Traum zur Wirklichkeit.
„Und Lotta selbstverständlich", ergänzt er.
„Natürlich", nicke ich.
Adrians ganzes Wesen hatte mich vor fast zehn Jahren in Sekundenbruchteilen überwältigt. Doch es war der unpassendste Moment, in dem wir uns begegneten, weil sein Leben plötzlich eine unerwartete Entwicklung nahm. Der falsche Moment, ein wenig zu spät oder eine ganze Weile zu früh. Er hatte sich damals nicht entschließen, nicht entscheiden können. Einmal,

wenige Wochen nachdem Adrians winzige Tochter Lotta dann auf der Welt war, sah ich sie nur kurz aus der Ferne in einer Babytrage liegen und wusste, dass seine Zuneigung zu mir keinerlei Chance gegen die Verantwortung für dieses süße Wesen haben würde. Mehr als ein dutzend quälend lange Monate versuchten wir, Freunde zu sein, doch schließlich wandte ich mich ab. Er aber ließ mich nicht widerstandslos gehen: „Bitte bleib!", hörte ich ihn rufen, bis ich in meiner Finsternis verschwand. Auch wenn ich sein Leben verließ und damit irgendwie auch das meine, war Adrian immer bei mir geblieben, tief vergraben, während wir für sechs lange Jahre den Kontakt zueinander verloren. Wir lebten ohneeinander, jeder von uns ging seinen eigenen Weg. Als wir uns endlich vor zwei Jahren wiedertrafen, hatte er sich schon lange entschieden und wir wurden sofort ein Paar. Lotta war sieben, als wir uns das erste Mal wirklich begegneten. Sie machte es mir unglaublich leicht, sie sofort fest in mein Herz zu schließen, war sie doch ihrem Vater vom Wesen so ähnlich. Die Wochenenden, alle Ferien, die sie bei uns verbrachte, bewiesen immer wieder den Gleichtakt zwischen uns dreien.

Wenn auch Adrian und ich uns dann schnell sehr nahekamen, die Tiefe seines Herzens musste nach und nach erschlossen, ich fürchtete fast, überredet werden. Lange zögerte er, bis er mich in seine innere Nähe ließ. Lange dauerte es, bis er flüsternd von Liebe sprach. „Natürlich", dachte ich, „braucht es lange, um mich zu lieben. Doch besser so als nie." Und ich genoss jedes Vorantasten, jeden seiner Schritte auf mich zu.

Zum Genießen bleibt uns nun keine Zeit. Unsere Verlobungszeit beginnt hektisch. Wir greifen zu unseren Telefonen und rufen bei den Ämtern unserer Geburtsstädte an. Mit Engelszungen reden wir auf die Beamten ein, um sie zu bitten, uns noch vor den Feiertagen die Geburtsurkunden zuzusenden.

Das magische Wort Hochzeit bewirkt viel. Und so sichern uns alle Beteiligten ihre Unterstützung zu. Bald ist klar, dass ich mein cremefarbenes Seidenkleid anziehen werde. Es ist knielang und der in Falten gelegte Rock schwingt bei jedem Schritt sanft um meine Beine. Nur einmal hatte ich bisher die Gelegenheit, es zu tragen. Jedoch muss ein neuer Anzug für Adrian her. Und Ringe! Ein Blumenstrauß und ein Fotograf! Wo werden wir essen? Wo übernachten? „Es muss einfach schnell gehen", denke ich pragmatisch und hebe mir all meine Kleinmädchenträume für den Sommer auf.
Die Hektik überdeckt meine Beklemmung. Das Gefühl von Panik, diese wundervolle Neuigkeit mit meinen Eltern zu teilen. Wie werden sie reagieren? Was werden sie tun? Schließlich ist es nur wenige Wochen her, dass ich auf dem Beifahrersitz in ihrem Auto saß. Dass sie beide auf mich einschrien, von der Seite und von hinten, während der Wagen in rasendem Tempo durch die Wälder flog. Sie hatten mir einen kurzen Ausflug zu einer historischen Mühle vorgeschlagen, nur um mich auf dem Rückweg in die Mangel zu nehmen. Es gab kein Entrinnen und ihre Worte schlugen zu.

*„Dieser Mann ist nichts für dich.*
*Er meint es nicht ernst.*
*Er kann es nicht ernst meinen.*
*Nicht mit dir.*
*So wie damals, als er sich nicht für dich entscheiden konnte.*
*Er will dich nicht! Er wollte dich nie."*

*Der Keim gesät.*
*Im Auto,*
*volle Fahrt,*
*kein Entrinnen,*

*keine Flucht.*
*Beide.*

*„Nicht dieser. Nicht er. Nicht ihr."*
*Sie zetern, sie schreien.*
*Sie beschimpfen mich.*
*Sie beschimpfen ihn.*

*„Du wirfst dich weg, du Schlampe."*

*Ich ahne, weit in der Ferne hältst du meine Hand und gibst mir von deiner Stärke.*
*„Niemals ihn!"*
*Ich atme.*
*Ich drohe.*
*Ich widerspreche,*
*ich schreie: „Nein!"*

*Ich habe Nein gesagt.*
*Zum ersten Mal.*
*Zwanzig Jahre nach dem Nein meiner Schwester.*

## Weihnachten

Alles ist geregelt und vorbereitet. Am ersten Weihnachtsfeiertag machen wir uns auf den Weg zu meinen Eltern. Adrians Eltern rufen wir von unterwegs, während der langen Autofahrt an, um sie über unsere Pläne zu informieren. „Wir werden jetzt nur zu dritt sein", beschwichtigt sie ihr Sohn, „auch ohne Trauzeugen. Steffen und Caren schaffen es in dieser Kürze nicht."

Natürlich sind sie enttäuscht, nur die Aussicht auf die Feier im Sommer versöhnt sie etwas. Nachdem sie aufgelegt haben, schweigen wir. Jeder von uns hängt seinen Gedanken nach, während langsam die Sonne untergeht und die wenigen Lichter anderer Autos an uns vorüberziehen. Ab und zu sehen wir uns an und lächeln unbeholfen.

Wir sind angespannt. Adrian, ganz nah bei mir, gibt mir etwas Sicherheit. Wirklich sicher bin ich mir meiner selbst aber nie. Furcht steigt in mir hoch, ich verkrampfe, bemerke meine zitternd hochgezogenen Schultern. Je näher wir dem Dorf kommen, in dem ich aufgewachsen bin, desto schwächer fühle ich mich. Wir stehen vor meinem Elternhaus, gehen langsam die Stufen hinauf. Es ist ein düsteres Haus, schlicht, fast nüchtern, das auf einer Anhöhe einsam vor uns zwischen Wiesen und Wald steht. Ein graues Dach wölbt sich über die undefinierbar dunkel getünchten Mauern. Nur der weitläufige, wunderschön gestaltete Garten weicht die strenge Symmetrie der Anlage auf. Ich bin noch aufgeregter als sonst. Ich schwanke und habe das Gefühl, die Stufen wieder zurückzufallen, hinab in das Tal. Adrian spürt es und hält meine Hand. Er kennt meine Geschichte. Er hält dem kleinen verwundeten Mädchen in mir die Hand.

Die Rufe eines Käuzchens durchdringen die Finsternis und weihnachtliche Beleuchtung schimmert aus den Fenstern, die von innen festlich geschmückt sind. Zarte Gardinen umrahmen das Bild und Kuchenduft dringt durch die Ritzen nach außen. Ich atme tief ein. Es liegt eine feierliche Stille über der Zeit. Meinen alten Hausschlüssel lasse ich unberührt ganz unten in meiner Tasche. So alltäglich will ich hier nicht mehr zu Hause sein. Also klingeln wir. Gleich regt sich etwas und die dunkle schwere Haustür öffnet sich. Meine Eltern breiten die Arme aus und begrüßen mich herzlich und Adrian freundlich. Die Perlenkette meiner Mutter klackert leise bei der Umarmung, bei der sie mir einen Kuss auf die Wange drückt. Dann streicht sie ihre Haare wieder streng nach hinten und legt die Perlenstecker an ihren Ohren frei. Ich überlege kurz, wie oft ich meine Mutter ohne diesen Schmuck und ohne Kostüm sah. Nur bei der Gartenarbeit trug sie beides nicht.

Ich wende mich um zu meinem Vater. Sein buschiger grauer Schnurrbart streift nur rasch meine Stirn und hinter den runden Gläsern seiner Hornbrille sehe ich seine Tränen. Beschwichtigend hält er die Hände vor sein Gesicht. Sie sind faltig geworden. Diese Hände, die so oft Geld gezählt haben, aber für Handwerkliches zu ungeschickt waren. Diese Hände, die für uns sorgten und auf uns eindroschen. Sofort dreht mein Vater sich weg und flüchtet geschäftig ins Büro. Stets ist sein Verhalten extrem, so erschreckend wie unerklärlich, so sanft wie unbeherrscht, so charmant wie aggressiv. Er ist so beschämend unbeholfen wie beeindruckend klug und all das ändert sich innerhalb weniger Sekunden. Meine Mutter, Adrian und ich bleiben zurück, kaum noch irritiert, bloß mit der immer wiederkehrenden Frage nach dem Grund für seine rätselhafte Rührseligkeit.

In dem kleinen Vorraum des Wohnzimmers ziehen mich unsere kunstvoll arrangierten Kinderbilder in der hell erleuchteten Vitrine in den Bann. Ich sehe mein Bild, sehe dieses kleine Kind in Schwarz-Weiß, das mit seinen großen runden Augen in die Kamera schaut. Diese Augen eines sechs oder sieben Jahre alten Kindes strahlen wach und voller Unschuld.

Wann wurde die Grenze überschritten, wann kam der erste Hieb? Ich sehe dieses junge Mädchen an, sehe das Grübchen auf der linken Wange und das offene Lächeln. Ich sehe dieses Kind und frage mich, wie man ein Kind erniedrigen und schlagen kann.

Ich denke an das Mädchen, das in der Wohnung unter uns lebt

und vor einigen Wochen ein Jahr alt geworden ist. Seitdem weint es häufiger. Es schreit stundenlang und klingt wütend. Wie ein erstes trotziges Aufbegehren und ein bockiger Wutausbruch. Und dann hörte ich plötzlich diese sonst so ruhige, liebevolle Mutter schreien. Sie brüllte ihr Kind an, zum ersten Mal, nur kurz. Dann herrschte Ruhe. Und ich grübelte darüber nach, wann der Punkt erreicht ist, an dem Eltern beginnen, ihre Kinder zu schlagen. Wenn das Kind aus der unabdingbaren Hilfsbedürftigkeit und Abhängigkeit hinaustritt und das eigene Selbst entdeckt? Wenn es seine Eltern weniger braucht und im „Nein“ eine ganz neue Macht, die erste winzig kleine Chance auf Unabhängigkeit wahrnimmt? Was ist es, was die Eltern so aufbringt gegen das Kind, das sie doch eben noch in sich trugen, es stillten und wärmten? Ist es Enttäuschung? Verlustangst? Stress?

Ich sehe in meine neugierigen Kinderaugen, habe keine Antworten und wende mich ab.

Im Wohnzimmer unterhalten sich meine große Schwester und mein kleiner Bruder über das Buffet im Restaurant, zu dem sie heute Mittag von unseren Eltern eingeladen waren. Sie sind also schon eher angekommen, denke ich und wiegele mein aufkeimendes schlechtes Gewissen innerlich selbstbeschwichtigend ab, „sie haben es schließlich auch nicht so weit.“ Außerdem ist Essen neben dem Aufbau seiner Muskeln Felix’ liebstes Thema und seine wichtigste Beschäftigung. Schon immer bekam er, der Nachzügler, das größte und das schönste Stück. Und dann der Nachschlag, der stand ihm natürlich auch noch zu. Anders als Felix, der die Kalorien tagtäglich wieder verbrennt, sieht man meiner Schwester Ida jeden Bissen an. Sie schafft es dennoch, in ihrer Leibesfülle auf ihre Weise straff zu wirken und voller Energie zu sein. Und unverdrossen. Sie lacht laut, als Felix sie damit aufzieht, sie bei der Menge des vertilgten Nachtisches überboten zu haben.

Adrian und ich setzen uns auf das Sofa gegenüber der bodentiefen Fensterfront, die nicht durch Jalousien verschlossen ist und die die Aussicht freigibt auf Veranda und den dahinterliegenden, monderleuchteten Garten. Die Rosenstämme sind ummantelt von Jutesäcken und über dem Gras liegt ein zarter, weißer Schleier. Auch der große Tisch auf der Terrasse trägt eine Weihnachtsdekoration und Kerzen flackern darin. Der herrlich geschmückte, nadelduftende Weihnachtsbaum taucht den Raum in ein Wohlfühllicht. Ich lasse den Blick schweifen und sehe den riesigen Teller aus Korbgeflecht, der wie jedes Jahr gefüllt ist mit köstlichstem Zuckerzeug, Pralinen und exotischen Früchten. Die alte CD säuselt wieder ihre Lieder und wiegt mich in ambivalenten Erinnerungen an all die Weihnachtsfeste, die so begannen und später beinahe immer eskalierten.

Ein dumpfes Gefühl in meiner Magengrube erinnert mich an die Heiligabende, an denen ich zwischen Zauber und Verzweiflung schwankte. Gemeinsam fuhren wir erst zur Kirche, in den ersten zehn Jahren wir vier, nach Felix' Geburt wir alle fünf. Nachdem wir dann wieder zurück und vor der Wohnzimmertür versammelt waren, gab diese den Blick frei auf einen wie von Zauberhand über und über mit Kerzen erleuchteten Raum, erfüllt von Düften, Wärme und Überraschungen. Überraschungen, die auch dazu führten, dass fast jeder Weihnachtsabend mit knallenden Türen und Tränen endete. All die Hoffnungen, die überspannten Erwartungen, all diese holde Glückseligkeit, all das forderte seinen Ausgleich, seinen Gegenpol.

Wir hören Schritte auf der Treppe. Felix hat seine Freundin mitgebracht. Ella hatte sich noch kurz hingelegt und kommt nun mit unseren Eltern ins Zimmer. Die kleine, zarte Person strahlt zu ihrem Freund hinauf, setzt sich lachend neben ihn und fühlt sich pudelwohl. Beide studieren zielstrebig an der selben Uni, sind Mitglied im selben Ruderclub und sehen immer aus, als hätten sie ihre abgestimmten Outfits aus einem Katalog für Collegekleidung ausgewählt. Die beiden passen gut zusammen, denke ich und schaue meinen kleinen Bruder an, der, so groß er auch gewachsen ist, noch immer wirkt wie ein kleines Kind. Er schien stets vor jedem Unwetter geschützt zu sein, als trüge er über seinem Kopf eine eigene Sonne, die ihn stets begleitet und nur für ihn alleine strahlt. Er steht auf festem, sicherem Boden. Alles scheint für ihn leicht und klar und selbstverständlich zu sein. Ich spüre, wie seine Unbeschwertheit und Fröhlichkeit an mir nagen. Er hat das Dunkel nicht erlebt, in dem Ida und ich unsere Kindheit verbrachten. Stets war er unantastbar und ich beneide ihn darum. Nun sind alle versammelt und die Aufführung kann beginnen. Ich bemerke, wie Ida mich beobachtet. Auch meinen zukünftigen Ehemann hat sie auf ihrem Radar. Meine große Schwester ist genauso geschult wie ich.

*Genau zu beobachten, ist eine wichtige Gabe.*
*Lebenswichtig.*

Sie grinst.

Adrian räuspert sich und rutscht nervös auf dem Sofa hin und her. Er versucht es mit einem Lächeln. Auch das verrutscht. Als alle sitzen, bittet er um Gehör. Seine Stimme zittert leicht: „Ich habe eure Tochter gefragt, ob sie meine Frau werden möchte. Und sie hat Ja gesagt." Mein Herz verzögert seinen nächsten Schlag, als ich aufgewühlt in die Gesichter ringsherum sehe. Ich erwarte einen Sturm der Entrüstung. Widerstand. Beschimpfungen. Nichts dergleichen geschieht. Im Gegenteil: Alle

strahlen, springen auf und umarmen uns. Herzlich. Verwirrt treibe ich von einem Arm in den anderen. „Fritz, hol etwas zum Anstoßen“, sagt meine Mutter knapp. Mir ist, als sei ich in einer fremden Existenz gelandet. Mein Vater kommt aus dem Keller mit einer Flasche Sekt zurück, Felix verschränkt entrüstet die Arme: „Hallo? Du weißt doch, dass ich keinen Alkohol trinke?“ Und schon trabt sein Vater entschuldigend lächelnd los und besorgt für ihn eine Flasche Apfelsaft. Nichts hat sich geändert.
Ida und ich schauen uns an. Apfelsaft. Wir beide wissen, dass wir uns an dasselbe erinnern. Ida war gerade in die Schule gekommen und ich war im letzten Kindergartenjahr. Ich saß auf der Bank hinter dem Küchentisch, malte und sah meiner Mutter beim Kochen zu. Ich verhielt mich so still wie möglich, denn mittags war unsere Mutter immer sehr gestresst. Das Essen musste auf dem Teller sein, wenn mein Vater mittags hungrig und in größter Eile nach Hause kam. Seine knapp bemessene Pause war streng durchgetaktet und nur eine Minute Verspätung konnte ein Höllenfeuer entfachen. Als Ida nach Hause kam, hatte sie großen Durst. Unsere Mutter deutete auf die Packung Apfelsaft, die auf dem Tisch stand. Ida nahm sie.
„Iieh“, japste sie, „Mama, der riecht ekelig.“
„Stell dich nicht so an“, rief unsere Mutter genervt vom Herd aus. „Trink!“
Ida nahm einen Schluck und spuckte gleich alles würgend auf das Tischtuch. In meiner Erinnerung wandte sich unsere Mutter zu ihr und schlug auf sie ein. Sie schlug auf sie ein, bis ihr Blick auf die dicken Fäden weißgrünen Schimmels fiel, die in der Apfelsaftpfütze schwammen.
Adrian legt beruhigend seine wärmende Hand auf meinen Rücken. Währenddessen hat meine Mutter Kristallgläser besorgt. Während diese aneinanderklirren, fällt von meinem Herzen ein Stein, dessen Aufschlag im allgemeinen Gewirr untergeht.

Nachdem die Flasche geleert ist, gehen wir zum im Hause üblichen Wasser über und der Tisch wird gefüllt mit Süßem. Alle reden durcheinander. Bis mein Vater unvermittelt aufsteht, um, wie immer sehr früh am Abend, schlafen zu gehen. Im Türrahmen stehend wünscht er uns allen noch beiläufig eine Gute Nacht. Auch meiner Mutter. Nie habe ich gesehen, wie er und sie sich küssten.

Am nächsten Morgen hat meine Mutter den Frühstückstisch schon reich gedeckt, bevor wir alle aufgestanden sind. Und nachdem sie uns dann noch Proviant mitgegeben hat, reisen wir ab mit den besten Wünschen im Gepäck und einer überraschenden Leichtigkeit. Wir zwei machen uns auf den Weg in unsere gemeinsame Zukunft.

## Die Hochzeit

Die verbleibenden Tage sind ausgefüllt mit Planung, Besorgungen und Vorbereitungen. Am Morgen vor der Hochzeit werden mir noch die Fäden gezogen und mein Lächeln ist wieder fototauglich. Der liebenswürdige ältere Herr aus der kleinen Papeterie in der Stadt, Hobbyfotograf und uns fast freundschaftlich zugetan, hatte sich bereit erklärt, Bilder der Zeremonie zu machen. Er sitzt als einziger Gast neben unserer Lotta, die in ihrem pinkfarbenen Kleidchen zuckersüß dasitzt und aufmerksam lauscht, als wir die schlichten goldenen, in der Eile zunächst nur geliehenen Ringe tauschen.

Der Standesbeamte hat einen Rauschebart, freundliche, gutherzige Züge und ist so wenig sachlich, wie ich es von einem Beamten nicht erwartet habe. Er blickt uns lange an und sagt dann zufrieden nickend. „Sie beide haben sich voll und ganz füreinander entschieden. Das spüre ich." Ja, denke ich glücklich, ich heirate aus reiner Liebe und ohne den geringsten Zweifel. So, wie ich es mir immer erhofft habe.
Ich sehe Adrian an, sehe die süßen braunen Sprenkel in der grünen Iris, sehe sein Wesen, sein Sein und gebe mich in seine Hände. Mit jeder Zelle, mit jedem Wimpernschlag meines zukünftigen Lebens. Glückselig verlassen wir den Raum, als Ehepaar, als Mann und Frau.

*Wir haben JA gesagt.*

Ich glaube fest daran, dass wir eine andere Ehe führen werden. Eine andere als die, die ich zu Hause kennenlernte. Beim Abendessen übergebe ich auch meiner ernst schauenden Bonustochter einen zarten goldenen Ring, den ich ihr lächelnd überstreife: „Weil ich dich mitgeheiratet habe, mein kleiner Schatz." Und ich bin ihr so dankbar, dass sie keinen Einspruch gegen mich erhoben hat. Im Hotelzimmer, Lotta hat nebenan erstmalig eines für sich alleine, erwarten uns eine Flasche Champagner und ein riesiger, herrlicher Blumenstrauß. Der Duft der rosafarbenen, roten alten Rosensorten und Lilien erfüllt den ganzen Raum. Ganz überschwänglich gratulieren uns meine Eltern in der beiliegenden Karte.
Ich will mich nicht mit Erstaunen aufhalten, denn heute fühle ich mich geborgen und glücklich und frei.

## Die Feier

Mit dem neuen Jahr endet mein Urlaub. Zwei Wochen, in denen so viel geschah. Als ich wieder im Büro stehe, rufe ich meine Mitarbeiter zusammen. Ich halte einen selbstgebackenen Kuchen vor mir und wünsche ihnen ein glückliches neues Jahr. Dann stelle ich das Backwerk ab und erwähne fast beiläufig die Neuigkeit: „Übrigens, ich muss Sie leider bitten, sich schon wieder einen neuen Namen zu merken." Ich mache eine kurze Pause und blicke auf. „Ich habe geheiratet!" Ich sehe in verwirrte und überrascht strahlende Augenpaare. Alle heben ihre Kaffeetassen, um auf unser Wohl zu trinken.

Erst vor einem Vierteljahr hatte ich als Teil der Geschäftsführung in diesem Unternehmen angefangen. Die nachhaltige Philosophie und der Job gefallen mir, so bin ich inzwischen beinahe an jedem Abend die Letzte, die das Büro verlässt.

Fast unbemerkt verfliegt dabei der Frühling. Nachdem ich monatelang gependelt bin, sind wir zwar endlich umgezogen, doch dann hat Adrian beschlossen, beruflich einen ganz anderen Weg einzuschlagen und Neues zu lernen, in einer drei Fahrstunden entfernten Stadt. Auch wenn ich froh bin, dass er im Bereich der Psychologie seine neue Bestimmung gefunden zu haben scheint, die Aussicht auf ein eigentlich gemeinsames und dennoch verwaistes Zuhause ist wenig reizvoll und heftet mich am Bürostuhl fest, wodurch mein Überstundenkonto unaufhaltbar wächst. Abends telefonieren wir stundenlang und Adrian erzählt von den Seminaren, bis wir immer müder werden, nach unseren langen Tagen wortreiche Gespräche zu führen. Ich arbeite noch mehr, auch um meine Sehnsucht zu übertünchen, verliere dabei jedes Gefühl für ein gutes Maß. Und so bemerke ich kaum, wie sich in meinem Körper wieder überall Entzündungen einschleichen und dass ich allen aufkeimenden

Schmerz, jede Krankheit, wie nebenher, mit immer mehr Arzneien betäube.

Obendrein planen wir die Hochzeitsfeier. Weil das Geld knapp ist, machen wir alles selbst. An den Wochenenden vergraben wir uns zu Hause, erstellen die Gästelisten, stanzen Blüten aus für die handgeschriebenen Karten, suchen nach dem passenden Ort und dem perfekten Termin. Wir träumen uns unter den freien Himmel und entscheiden uns für eine kleine Orangerie inmitten eines weitläufigen Rosenparks.

Als zwei Tage vor dem Fest die Familien zum Helfen eintreffen, funktioniert meine Mutter abermals wie ein Räderwerk, hat ihre Aufmerksamkeit und flinken Hände überall. Bei meinem Vater und Ida hingegen liegen die Nerven blank, sie streiten sich, versuchen auch Adrian und mich mit ihrer schlechten Laune und Hektik anzustecken. Beinahe rauben sie mir den Verstand und fast erwäge ich, sie von der Feier zu verbannen oder einfach alles abzusagen. Neben all dem Stress ist das Austarieren des familiären Gleichgewichts die anstrengendste Herausforderung. Mit einem Auge aber nehme ich verblüfft wahr, dass Felix und Ella hilfsbereit und kommentarlos mit anpacken, wo es geht. Das gibt mir Hoffnung und bildet einen wohltuenden Gegenpol.

Am nächsten Tag beschert uns die Planung unter Einbeziehung des hundertjährigen Kalenders fast vierzig Grad und einen wolkenlosen Himmel. Es gibt keine Kühlschränke, keine Klimaanlage, was man leider vergessen hatte, uns mitzuteilen. Die Stimmung ist gereizt, die Getränke sind lauwarm, die Kuchen zerfließen. In zwei Stunden soll es losgehen. Noch renne ich hin und her, noch bin ich nicht umgezogen, nicht geschminkt, nicht frisiert. Erst noch stecke ich Lotta die Haare zusammen und flechte ein Krönchen hinein. Dann arrangiere ich die Blu-

menbuketts für die Tische, weil die Rosen bei dieser Hitze so spät wie möglich geschnitten werden müssen.
Endlich aber sitze ich hektisch vor dem Frisiertisch im Herrenhaus am anderen Ende des Rosenparks, in dem wir Quartier bezogen haben, und sehe durch das Fenster, wie die Gäste eintreffen.
Dann beginnt die Zeremonie. Mein Vater, der schamrot angespannt mit seinen unergründlichen Tränen kämpft, geleitet mich durch die Reihen. Langsam schreiten wir im Takt Pachelbels zu meinem Platz, wo Adrian mich lächelnd erwartet. Stolz beobachten wir, wie souverän Lotta die Geschichte vorliest, die wir derzeit vom Standesbeamten gehört hatten. Ida singt ein Lied, das wir uns gewünscht hatten, und rührt mich zu Tränen, bevor mein Mann und ich aufstehen, um uns noch einmal symbolisch vor unseren Familien und Freunden das Jawort zu geben. Nach diesem feierlichen Akt treiben wir von einer Umarmung zur nächsten, empfangen Glückwünsche, Geschenke, werden fotografiert, ehe wir in der Hektik, die uns die Hitze vorschreibt, unsere Hochzeitstorte anschneiden.
Die Gäste flanieren entspannt durch den Park und die Kinder toben fröhlich umher. Niemand klagt über Hunger, nur viele über Müdigkeit und Kreislaufprobleme. Stunde um Stunde verschieben wir das Abendessen, weil es sofort zu verderben droht. Denn auf die ungeschützten Glasflächen der überhitzten Orangerie prallt weiterhin die glühende Sonne. Alle raumhohen Glastüren hatten wir aufgerissen, um die bleierne Luft erträglicher zu machen. Doch da bemerke ich, wie mein Vater vorläuft und beginnt, die Türen wieder zu verschließen. Hektisch ruft er meine Mutter zu sich: „Schnell, Josina, hilf mir, hier zieht es!"
Meine Mutter und ich sehen ihn verständnislos an. „Hör auf", raune ich näher kommend, leise und so gefasst wie möglich,

während ich in seine überspannte Miene sehe, der ich kaum standzuhalten vermag, weil sie in jedem meiner Nerven beklemmende Erinnerungen wachruft.

Dennoch gelingt es mir, hinzuzufügen: „Ich werde nicht riskieren, dass einer unserer Gäste einen Zusammenbruch erleidet. Jeder sonst wird über den kleinsten Luftzug glücklich sein." Brüsk drehe ich mich weg, atme tief, öffne Tür um Tür und hoffe inständig, dass die Szene für alle anderen unbemerkt geblieben ist. Ich bemühe mich, ruhig Luft zu holen, das Unwetter in mir abzufangen. Doch innerlich zittere ich heftig, erstaunt über meine Entschlossenheit und zugleich voller Gewissensbisse und Scham für meine selbst empfundene Dreistigkeit meinem Vater gegenüber. In mir erwacht ein winziges Pflänzchen der Verantwortung für mich selbst und des Erwachsenseins und endlich überwiegt einzig der Gedanke an das Wohl aller Gäste. So gehe ich denen wieder entgegen, um sie einzuladen, Platz zu nehmen.

Als alle sitzen, hält meine Mutter souverän und einfühlsam eine wundervolle Rede. Schon bevor ich ihn hatte fragen können, hatte mein Vater unwirsch gesagt, dass er sie keinesfalls halten werde. Fast dankbar war ich darum. Jahrelang war er eine führende Persönlichkeit des Ortes, hatte Reden vor tausenden von Menschen gehalten. Doch in all jenen Stunden, die diesen Ereignissen vorangingen, hatte er uns Tag um Tag mit seiner Aufregung terrorisiert. Er hatte geschrien, geweint, geflucht, seine Frau wüst beschimpft, hatte die gerade wieder einmal erneuerten Türen und Zargen zerschlagen und uns drangsaliert. So gewinnend charismatisch er dann auftreten konnte, es hatte einen unfassbar hohen Preis. Doch den kannten nur wir. Wir zahlten ihn, versteckt hinter den Mauern unseres Elternhauses, hinter der Fassade unserer Familie. Und dann ist da andererseits wieder seine unerklärliche Rührseligkeit, die

ich von ihm geerbt habe: Musik kann mich zum Weinen bringen, ein sportlicher Sieg im Fernsehen, romantische Filme sowieso, das Glück oder Leid anderer Leute, ein sehr falsches oder sehr richtiges Wort. Ich erinnere mich daran, dass ich bei der Zeremonie anlässlich der Silberhochzeit meiner Eltern eine Geschichte vortrug. Zwischen meinem Tränenfluss bekam ich kaum ein Wort heraus. Alle waren gerührt von meiner Rührung, die diese Festlichkeit in mir auslöste. Alle interpretierten es als überbordende Zuneigung zu meinen Eltern und als Sinnbild ihres Eheglücks. Wieder einmal hatte ich das Bild der perfekten Familie aufrechterhalten.
Die Hochzeitsansprache meiner Mutter bewegt mich sehr. Zärtlich spricht sie über mich und es wirkt fast so, als kenne sie mich wirklich. Am Ende ihrer Rede heißt sie Adrian und Lotta herzlich in unserer Familie willkommen. Wir umarmen uns und ehrlich dankbar strahle ich sie an. Nun erhebt sich mein Schwiegervater und bittet um Gehör. Hochgestimmt erwarte ich nun wiederum mein Willkommen in seiner Familie. Doch einzig das Buffet, an dem er maßgeblich beteiligt war, findet in seinen knappen Worten Erwähnung. Freudig eröffnet er es und wünscht allen einen guten Appetit. Es versetzt mir einen Stich der Enttäuschung und ich spüre, wie dies jedem einzelnen meiner Selbstzweifel Nahrung gibt.

*Das nicht gewollte Kind bin ich ...*

Am Abend verstreuen sich alle wieder im Park, genießen den glutheißen Abend und die Fackeln und Lichter, die die Wege durch die Rosenbeete erleuchten, bis schließlich der Vollmond diesen Dienst übernimmt. Niemand tanzt auf der freigeräumten Fläche, dafür fehlt es allen an Energie. Es ist nicht einmal ein Uhr, als Adrian und ich alleine in der Orangerie zurückbleiben. Wir räumen die Tische ab, waschen das Geschirr, versorgen die Essensreste und verteilen dutzende Gedecke für das Frühstück. Als wir drei Stunden später ins Bett fallen, bin ich wie betäubt. Wo ist der Tag geblieben, was ist passiert, mit wem habe ich worüber gesprochen, habe ich allen Gästen angemessen viel Aufmerksamkeit geschenkt? Trotz unserer Erschöpfung können wir nicht schlafen. Wir schauen auf das Meer von Geschenken, die sich in der Zimmerecke türmen. Fast alles präsentiert sich in Folie verpackt und birgt kein Rätsel für uns. Ganz vorne aber steht eine große, geheimnisvolle Kiste. Meine Eltern hatten sie uns heute Nachmittag überreicht. Verschwörerisch nicken wir uns zu und öffnen sie. Langsam heben wir den Deckel. Darunter entdecken wir Unmengen meiner alten Zeichnungen und Basteleien, vergilbte Glückwunschkarten von Verwandten und unzählige schöne Fotos, die mein Vater gemacht hat und die meine gesamte Kindheit und Jugend dokumentieren. Wir finden einen Umschlag mit Geld für eine große Hochzeitsreise, die wir uns erträumt hatten, und einen Gutschein für einen luxuriösen Wochenendtrip. Und dann noch eine Flasche Wein, die meine Eltern seit meiner Geburt heimlich im Weinkeller gelagert hatten. Vierunddreißig Jahre lang.

Welch einzigartiges Geschenk und wie viel Sorgfalt, Vorausplanung und Gefühl stecken doch darin! Wieder tritt die Ambivalenz im Verhalten meiner Eltern offen zutage. Sie sammelten so sorgsam für ihr Kind, während Sie es malträtierten. Erstaunt und dankbar sauge ich die Zuneigung auf, die die Kiste verströmt, bis mir fast schwindelig wird und ich in einen traumlosen Schlaf falle.

Früh klingelt unser Wecker, denn um zehn Uhr sind alle Gäste wieder da und stürmen unser Frühstücksbuffet, das lauter Köstlichkeiten in Szene setzt. Wir lauschen den Schwärmereien

von dem gestrigen Fest. Dankbar nehme ich jedes Lob an und erlaube mir für diesen Moment nur geringfügig, an mir zu zweifeln. Als ich Wochen später die wundervollen Fotos unserer Hochzeitsfeier betrachte, sehe ich entspannte und fröhliche Gesichter und wische den Rest meiner Skepsis fort.
Für unsere Gäste hatte die Feier seinen eigenen, unangestrengt leichten Zauber. Was hinter dem samtroten Vorhang unseres gut erprobten, familiären Schauspiels vor sich gegangen war, hatten wir verborgen. Das Fest sollte ein Anfang sein, der Anfang eines Lebens, wie ich es mir immer erträumt hatte. Doch es wurde ein Abschied davon, beinahe wie das letzte Aufglühen des Lichts vor dem Untergang der Sonne, vor der Dunkelheit.

## Die Diagnose

Nach kurzen Flitterstunden reise ich eilig zu einer am nächsten Tag beginnenden Veranstaltung für das Unternehmen. Bis zum Herbst arbeite ich fast an jedem Tag der Woche und versuche die Schmerzen, die sich abermals in meiner linken Wange melden und mittlerweile die Schläfe hinauf zu meinem Auge schleichen, nicht wahrzunehmen. Adrian verbringt seine aufreibenden Lernphasen in unserem gemeinsamen Zuhause. Gestresst planen und verwerfen wir zwischendurch immer wieder unsere Hochzeitsreise. Die Terminschraube im Unternehmen dreht sich unentwegt weiter und schnürt mir die Luft ab. In meinem Körper machen sich Entzündungen breit. Ich übertünche sie mit dem zigsten Antibiotikum, das ich noch auf Vorrat habe.
Als dieser zur Neige geht, suche ich einen Arzt auf, der in der Nähe unserer neuen Wohnung seine Praxis hat. Anders als die

bisherigen Ärzte aber schreibt er nicht einfach ein Rezept aus, sondern will zunächst meine Krankengeschichte hören. Völlig erschöpft und widerstandslos schütte ich ungefiltert alles vor ihm aus, was ich aus meinem Gedächtnis zusammenkramen kann. Die zahlreichen Blutvergiftungen, die vielen Allergien, die häufige Übelkeit beim Essen, die ständigen Diarrhöen, dutzende Operationen, bei denen Entzündungen aus meinem Körper entfernt wurden, weil sie anders nicht zu heilen waren, die wochenlangen Fehlzeiten in der Schule und im Studium, die ich immer wieder aufholen musste, und über zwanzig Krankenhausaufenthalte, die ich bereits hinter mir hatte.

*Ich war so gerne krank.*
*Krank zu sein ist meine Zuflucht.*
*Ich werde umsorgt und keine Faust schlägt mich.*
*Kein Wort verletzt mich.*
*Alles ist sanft*
*und warm*
*und weich.*

Nie hatte ich bisher alle Krankheiten aufgezählt und nun schäme ich mich. Gerade will ich erklären, dass zweifellos alles psychosomatisch ist und dass das in meiner Familie durchaus häufiger vorkäme. Unvermittelt aber blickt mich der Arzt an: „Ich vermute, Sie haben einen angeborenen Immundefekt." Verblüfft und ermutigt schaue ich ihn an. Bin ich tatsächlich nicht bloß ein jämmerlicher Schwächling, nicht nur ein eingebildet Kranker, der armselig mickrig an seiner Kindheit kleben blieb? Nachdem ich von einem ungeeigneten Krankenhaus in das nächste weitergereicht werde, wird seine Vermutung bestätigt. Aus der dritten Klinik endlich erhalte ich einen Anruf einer freundlichen Ärztin, die mir beim folgenden Termin die Laborergebnisse erläutert und gleich eine erste Infusion anordnet. „Immunglobuline vom Menschen" steht auf der Flasche und der Inhalt ist aus dem Blut von tausenden Blutspenden zusammengesetzt. Eine wasserklare Flüssigkeit, anders als bei den anderen, die um mich herum mit Flaschen oder Beuteln roten oder gelben Inhalts in dieser menschlichen Tankstelle sitzen. Es erleichtert mich, dass es so rein und nicht nach echtem Blut aussieht, was da in meine Adern fließt, und ich verspüre Dankbarkeit gegenüber jedem einzelnen Spender. Dicht neben dem Dankgefühl aber kriecht, ganz boshaft, das schlechte Gewissen in mein Bewusstsein. Jemand wie ich sollte doch nicht so ein großes Geschenk erhalten. Wozu eigentlich, wenn ich nach Darwin doch eigentlich gar nicht überlebensfähig bin und besser sterben sollte?

Adrian entflieht den Gerüchen von Desinfektionsmitteln, den Pumpengeräuschen und dem Anblick von Schläuchen und Körperflüssigkeiten. Kaum ist er einige Stunden später zurück, werden wir erneut ins Sprechzimmer gerufen. Zeitlebens und vierwöchentlich werde ich diese Dosis nun bekommen, erfahren wir. Die Ärztin streicht sich durch die dunklen langen, mit grauen Strähnen durchzogenen Haare. Mit einer charmanten, lebhaften Miene blickt sie uns an:

„Haben Sie Kinder?", fragt sie vorsichtig.

„Noch nicht. Wir haben gerade geheiratet...", erwidere ich ahnungsvoll stockend.

Behutsam bewegt sie verneinend den Kopf: „Für ein Kind bestünde zwar keine unmittelbare Gefahr, die Krankheit ist nicht vererbbar. Aber ich kann nicht ausschließen, dass Sie mit einer Schwangerschaft Ihre Gesundheit, Ihr Leben riskieren." Sie hält kurz inne: „Zudem können wir zum jetzigen Zeitpunkt noch nicht einschätzen, was trotz der Infusionen noch auf Sie zukommt. Ich rate Ihnen daher davon ab."

Betäubt verlasse ich an Adrians Hand den Raum und gehe mit ihm durch die verwinkelten Korridore der Klinik hinaus. Wir setzen uns ins Auto und fahren schweigend los. An einem Waldweg steigen wir aus. Immer wieder greife ich die Hand und den Arm meines Mannes, als wir wortlos durch Wiesen und Wald streifen. Immer wieder lasse ich ihn los. Doch nach ein paar Schritten ohne Adrians helfenden Griff stolpere ich und falle zu Boden, auf dem ich reglos liegen bleibe.

Und weine.

Adrian eilt zurück über die Waldwege und holt den Wagen. Er hebt mich hoch und trägt mich auf die Rückbank. Das zweite Krankenhaus des Tages verlasse ich mit Krücken. Eine Schiene hält meinen Knöchel, an dem die Bänder gerissen sind. Zerrissen wie das hoffnungsvolle Bild unserer zukünftigen Familie.

## Einsamkeit

In den kommenden Wochen, die ich krankgeschrieben in unserer Wohnung verbringe, empfinde ich nur Einsamkeit und Schmerz, der sich nicht betäuben lässt.

Das Wissen hat seinen Preis. Ich schäme mich nicht mehr für meine Krankheiten. Seitdem es nur noch eine ist und diese einen Namen hat, erzeugt sie in mir Beklommenheit und Erleichterung zugleich. Dankbar erkenne ich, dass ich mir nicht alles eingebildet habe. Die Diagnose dieses Immundefekts bringt auch Hoffnung mit sich, dass nun vieles leichter wird. Doch gleichzeitig verliere ich die Idee meines Lebens, die Idee einer eigenen Familie und die Chance, eigenen Kindern eine gute Mutter zu sein.

Jetzt vermisse ich Caren. Zum ersten Mal seit Monaten. In dem

einzigen Telefonat nach der Hochzeitsfeier zerbrach unsere Freundschaft an der himmelweiten Gegensätzlichkeit unseres aktuellen Lebens. Ich heiratete, während sie gerade eifrig ihren Mann betrog. So hatte nun jede der früheren Freundinnen einen bitteren und kindischen Abschiedsbrief geschrieben, in dem Verletzungen zur Sprache kamen, die bisher ungesagt und ungedacht, vielleicht sogar ungefühlt geblieben waren. Beste Freundinnen, die sich früher anlächelten und umkreisten und Probleme nur mit anderen, aber nicht miteinander hatten.
Sie hatte sich immer die Zeit genommen, mir zuzuhören und mir unermüdlich einzureden, dass ich nicht so sei, wie meine Eltern es mir unterstellten. So oft hatte sie am Telefon meine offenen Seelenwunden versorgt, als ich noch zu Hause wohnte und auch noch lange danach. Dafür war ich ihr so dankbar, doch nun war kaum etwas übrig geblieben von unseren zwanzig gemeinsamen Jahren. Unüberbrückbar war die Kluft, die sich nun zwischen uns aufgetan hatte. So vieles konnten wir uns gegenseitig nicht verzeihen, von dem wir gar nicht wussten, dass wir es einander hätten nachsehen müssen. Doch jetzt war es zu spät.
So sitze ich da und betrauere den Verlust meiner Visionen von mir und meinem Leben. Wenn Adrian in seinen Präsenzwochen abends anruft und hochgestimmt von den Vorlesungen und seinem neuen Wissen berichtet, blicke ich stumm aus dem Fenster. In mir ist alles taub, zerbrochen, entkernt. Jede Farbe ist entwichen, innen wie außen. Ich lasse meine eigene Seele im Stich und bin unfassbar einsam.
Als ich nach Wochen zurück zur Arbeit humpele, die Firma hatte mir einen Fahrdienst organisiert, sind meine Anweisungen und Entscheidungen langsamer und weniger souverän als gewohnt. Nach wenigen Tagen zitiert der Chef mich in sein Büro. Er sieht auf mich herab in meiner Schwäche, die er nicht

von mir erwartet hatte. Schwäche, die ihn zu triggern scheint. Ich spüre, wie sich Wut in ihm zusammentürmt. Krampfhaft versucht er, sich zurückzuhalten. Doch seine hochrote Gesichtsfarbe lässt erkennen, dass er gleich von innen zu zerbersten droht.
Augenblicklich bin ich nur noch ein kleines Kind, das ängstlich und vorausahnend auf die Hände seines Vaters starrt.

*Sieh die Fäuste, die geballt*
*auf den Tisch sich drücken.*
*Spür die Macht meiner Gewalt.*
*Schauer deinem Rücken!*

*Die Pupillen voller Angst,*
*weit! Das tut mir gut.*
*Wohlig wissend, dass du bangst,*
*fehlt dir jeder Mut.*

*Klein und still, so mag ich dich,*
*folgst so meinem Willen.*
*Groß und mächtig mag ich mich.*
*Hass mich nur im Stillen.*

## Die Treppe

Ich verlasse schnellen Schrittes das Büro, bis ich die Treppe erreiche, hoch oben im verglasten Foyer. Meine Knie zittern und ich blicke hinab. Ich spüre, wie Panik in mir heraufkriecht, und höre hallend die Schreie in mir.
Ich stand oben im Haus meiner Eltern, in diesem kleinen Flur

zwischen unseren Kinderzimmern. Gerade wollte ich meine gelbe Latzhose in die Wäsche bringen. Ich hatte sie vor einigen Wochen zu meinem fünften Geburtstag bekommen und sie war mein ganzer Stolz. So sehr hatte ich mir diese Hose gewünscht und gleich am Nachmittag zu meinem Kindergeburtstag angezogen. Auch mein Cousin Michel, der mit mir in den Kindergarten ging, war eingeladen. Mit Ida, Michel und den Nachbarskindern stromerte ich durch die Wiesen und dann zu diesem schmalen sumpfigen Bach, in dem mein Vater vor einigen Tagen mit größeren Steinen einen winzigen Wasserfall konstruiert hatte, um dem Wasser Sauerstoff zuzuführen. Vielleicht würden wir jetzt schon Tiere entdecken? Neugierig schauten wir uns die Blubberblasen an, die den schlammigen Untergrund aufmischten. Ganz verwegen wollte ich über den kleinen Graben springen, um das Schauspiel von der anderen Seite zu betrachten. Aber ich rutschte ab und landete im Morast. Die Latzhose war nun orangebraun und ich rannte halb lachend, halb heulend nach Hause.

Diese Latzhose hing nun über meinem Arm, als ich oben am Treppenabsatz stand und mein Vater mich rief, ich solle herunterkommen. Ich widersprach: „Ich muss aufräumen!"

Von unten kam ein diffuses Licht herauf, doch hier oben, auf diesen vier Quadratmetern, war es dunkel. Plötzlich sah ich im Gegenlicht, wie mein wutschäumender Vater die Treppe hinaufpreschte, hörte seine schweren Schritte auf den Stufen wie Donnerhall. Schnell wollte ich in mein Zimmer entkommen. Doch bevor ich die Tür aufreißen konnte, hatte er mich gepackt und herumgeschleudert. Seine fuchsteufelswilde Miene zuckte im Zwielicht. Er entriss mir die Latzhose, griff sie an den Hosenbeinen und schlug damit auf mich ein.

Peitschenhiebe mit Widerhaken. Mich gegen die metallenen, schneidend scharfen Verschlüsse zu wehren, war hoffnungslos.

Sie trafen mein Gesicht, meine Hände vor meinen Augen, meine Arme, die mich zu schützen versuchten.

*Oben am Treppenabsatz. Keine Chance zu entrinnen.*
*Den Abgrund im Augenwinkel.*

Und dann bist du erwachsen, schließlich, und du stehst vor deinem Kind und du hörst dich Dinge sagen, die du als Kind gehört und gehasst hast, und du spürst, wie du Dinge tust, die dich als Kind verletzt haben, und dennoch kannst du nicht anders, kannst nicht aus deiner Haut, und entweder verachtest du dich jetzt dafür oder du schaust weg und redest dir gut zu, dass es dir ja auch nicht geschadet hat, schließlich bist du ja auch erwachsen und größer und stärker geworden.
Im Zorn übernimmt dein Autopilot und spielt das Programm, das du gelernt hast. Und wenn du es jetzt tun kannst, dann kann es nicht so schlimm gewesen sein, dann haben deine Eltern alles richtig gemacht, sie waren, oh nein, nicht blind vor Wut, nur sprachlos, hilflos, so wie du es jetzt bist. Sie waren gut und sie liebten dich, denn das Kind, das du jetzt schlägst und erniedrigst, liebst du ja auch. Auf die Art, die dir möglich ist. Nur dieses Kind ist schuld, so wie du damals schuldig warst. Im Grunde wehrst du dich jetzt bloß, lässt jetzt die Wut heraus, für die du als Kind zu schwach warst. Jetzt aber bist du stark. Du bist an der Reihe. In den Schmerz der Finger und deines Herzens mischt sich Befriedigung, dass der Kreis sich nun schließt. Und so tust du es wieder und wieder, denn so war es ja immer und, ja, wenn dein Kind es dann auch tut, dann wird es immer so sein.

*Zwischen dem tobenden Vater und der Treppe nur ich.*
*Ich kann diese Angst nicht vergessen.*

Ich höre, wie Kollegen schwatzend durch die Flure laufen. Tief atme ich ein, gehe vorsichtig die Stufen hinunter und halte mich dabei krampfhaft am Handlauf fest. So wie ich es seither ganz automatisch immer getan habe. Doch heute zitternder und fester und sehr bewusst.

## Krank

Am nächsten Nachmittag breche ich in einem Meeting unvermittelt in Tränen aus. Mein Team ist schockiert und überfordert. Meine Stellvertreterin steht auf, nimmt mich wortlos in den Arm und ruft das Taxi.

In den Monaten, die nun folgen, in der eine Krankschreibung durch die nächste verlängert wird, werde ich auch eine Woche lang in einer Nervenklinik wegen der Schmerzen im Gesicht untersucht. Ich werde traktiert, fast eine Stunde lang versuchen sie bohrend, mir Nervenwasser aus dem verspannten Rückgrat abzuringen. Doch in dem kleinen Tröpfchen finden sie keinen Befund und ich werde wieder entlassen. Schließlich zieht ein Zahnarzt die zwei Zähne, die sich über der Stelle befinden, die schon so oft operiert worden ist. Erneut ist sie entzündet. Plötzlich erklären sich die Qualen, niemand sieht aber eine Chance für eine dauerhafte Heilung. Ein Magentumor wird diagnostiziert, was sich nach drei Monaten jedoch als Fehldiagnose erweist. Nach und nach gesundet mein Fuß, genau wie die Wunden in meinem Mund, die Kopfschmerzen verringern sich und langsam, sehr langsam wirken sich die Infusionen auf meine Infektanfälligkeit aus. Nach einem halben Jahr halte ich mich für stabil genug, um halbtags wieder zu arbeiten. Ich kontaktiere meinen Arbeitgeber und sitze zum Gespräch dem Chef und der Personalleiterin gegenüber. Schweigend geben sie mir Gelegenheit, ihnen meine Ideen zum Wiedereinstieg vorzutragen, aufmerksam schauen sie mich an und halten sich bedeckt. Keine vierundzwanzig Stunden später liegt die Kündigung in meinem Briefkasten.

## Abwärts

Und jetzt noch arbeitslos. Entlassen. Entsorgt.
Diese Karriere. So wenige Jahre sie auch dauerte, war ich doch so hoch geflogen. Vier, fast fünf Jahre, in denen ich durch die Welt reiste, Produktionsstätten und Messen besuchte, Kollektionen und Kataloge prägte, Teams leitete und Unternehmensphilosophien bestimmte.

*So beschäftigt,*
*so abgelenkt,*
*so visitenkartenwichtig,*
*so überhaupt existent.*

Das Unternehmen hat durch meinen Beitrag während meiner kurzen Schaffenszeit bis dahin unerreichte Umsätze eingefahren. Doch nun bin ich schwach, und bei meinem Chef und bei mir verflüchtigt sich das Bewusstsein über meinen Erfolg sofort. Es kann meinen inneren Absturz nicht bremsen. Das Kartenhaus, das über mir zusammenfällt, vernebelt meine Sinne. Ich fühle mich ertappt. Hektisch und wiederkehrend erörtere ich mit mir selbst die bizarrsten Visionen: „Hatten sie entdeckt, was ich zu verbergen suche? Hatten sie mich erkannt?“

*Nun bin ich auch noch nutzlos.*
*Unbrauchbar.*
*Fallengelassen.*

Wie tief ist doch dieser Absturz, nachdem ich nach ziellosen Jahren nach dem Studium endlich einen Weg gefunden, einen Gipfel erklommen und einen kleinen Pfad der Zuversicht vor mir erblickt hatte.

*So endet noch ein großer Traum*
*im kleinen Nichts der Wirklichkeit.*

*Fragiles Gebilde aus Hoffnung und Glück.*
*Kein Halt mehr in einer Aufgabe, in einer Rolle.*
*Und immer weiter, weiter, weiter.*
*Doch ohne Halt in mir, in meinem Ich, ist da*
*nur eine unermüdlich unendliche Leere.*
*Wertlos bin ich.*
*Ganz allein.*
*Ohne Nutzen,*
*ohne Sinn.*
*Nichts mehr fühl'n,*
*nichts sein.*

## Stumm

Völlige Antriebsarmut lähmt von nun an meine Zeit. Ungewaschene Haare, ungespültes Geschirr, den kompletten Tag verbringe ich im Schlafanzug. Wenn Adrian da ist, ist er zu vertieft in seine Prüfungsvorbereitungen, und selbst wenn er mir sein

Augenmerk schenken kann, lässt er mich, ohne zu drängen. Er gibt mir den Raum für meine Traurigkeit und nimmt mich zärtlich in den Arm.

Ich habe keinerlei Achtung mehr vor mir und keine Antwort auf ein Wozu oder ein Warum.

Als Lotta an diesem Wochenende wieder da ist, raffe ich mich auf. Doch ich spüre, wie schwer es mir fällt, wie überreizt ich bin und verspannt. Krampfhaft reiße ich mich zusammen und lächle. Sie hüpft fröhlich umher und verkündet uns zum wiederholten Male: „Ich werde Sängerin! Ich gehe zu einer der Castingshows und dort werde ich entdeckt!“ Wir hatten unseren Fernseher schon vor Jahren gänzlich abgeschafft, waren aber dennoch so weit auf dem Laufenden, dass wir wussten, wovon sie sprach. Immer ernster schien es ihr zu werden, monatelang sprach sie immer wieder davon. Sie tanzte leidenschaftlich und mit sehr gutem Rhythmusgefühl, ihre Stimme war samtig und klangvoll, wie die ihres Vaters, doch sie sang mit solcher Inbrunst schiefe Töne. Adrian blieb wie immer gelassen und meinte, es würde sich von alleine regulieren. Vielleicht hat er Recht, vielleicht tut es das. Was aber, wenn diese zarte Seele wirklich vor einen dieser knallharten Richter tritt, der sie ohne Rücksicht auf Verluste vollkommen entwertet?

„Na, heulst du wieder?“, hatte meine Mutter stets höhnisch gefragt, wenn ich sang. Sie sprach von Jaulen, Jammern, drängte mich stets zum Schweigen, wenn ich in unserem Keller, der eine so schöne Akustik hatte, die Arie der Königin der Nacht nachzusingen versuchte. Mehrere Bands und Pianisten wollten mit mir arbeiten, doch meine Eltern erlaubten nicht, dass ich mich derart hervortat. Dass auch eine Kammersängerin der Staatsoper mich aus einem Chor, in dem ich während meiner Schulzeit sang, heraushörte und mir dringend riet, ebenfalls ihren

Beruf zu wählen, verblasste neben den Kommentaren meiner Mutter, deren Wertschätzung ich mir so ersehnte. Ohne ihre Gunst fehlte mir das Rückgrat, einen solchen Weg zu gehen. Jede der zahlreichen Erkältungen und Allergien, die die Nase verstopften, jedes Husten, das ein Tierhaar hervorrief, jede Blutvergiftung, die ein einfacher Mückenstich auslöste, all das kam mir gerade recht, um als Ausrede für eine Nicht-Karriere zu fungieren.
Wie gern hätte ich auch Klavier gespielt. Aber Mutter hatte es abgewehrt: „Jedes Instrument darfst du lernen, nur kein Klavier." Ausgerechnet das, mit dem ich mich hätte begleiten können. Ich verstand es nicht. Was hätte ich mit einer Gitarre zu einer Opernarie anfangen, wie zu einer Flöte singen sollen? Dass mein Großvater dreizehn Instrumente beherrscht hatte und seine Tochter keines, machte das Ganze noch rätselhafter. Und niemals Antwort auf ein Wozu oder ein Warum.

Ich will Lotta den Spaß nicht verderben. Ich wünsche mir, dass sie frei und ohne Hemmungen zu singen wagt und dass sie Freude daran hat. Doch andererseits möchte ich sie vor niederdrückender Kritik bewahren. Doch, was ist, wenn ich selbst die falschen Worte wähle, wenn ich diejenige bin, die sie in den Abgrund stößt? Lotta kennt kaum noch ein anderes Thema. Es triggert mich und der Widerstreit meiner Erinnerungen, Ängste und Wünsche reißt heftig an mir. Ich fürchte, mich nicht zusammenhalten zu können, als es mir zu ernst zu werden droht, und dass tief aus meiner eigenen verletzten Seele die falschen Worte hervorbrechen.
„Lotti, meine Süße", sage ich schließlich mit viel Bedacht, doch innerlich bebend, „darf ich dir etwas zu deinem Berufswunsch als Sängerin sagen?"
„Ja", sie sieht mich erstaunt und erwartungsvoll an.

Ich atme tief ein: „Du hast einen wunderschönen Klang in deiner Stimme und auch dein Rhythmusgefühl ist sehr gut. Aber du triffst die Töne nicht immer. Das Gute ist aber, dass man das lernen kann. Also, wenn du in diese Sendung gehen möchtest, wäre es bestimmt gut, das vorher noch zu üben."

Dann herrscht Schweigen, das sich in meinem Gefühl fast minutenlang ausdehnt. Vor lauter banger Sorge, sie verletzt zu haben, durchforstet mein Blick ihr Gesicht nach dem winzigsten Zucken. Doch nichts passiert.

Leichthin antwortet sie: „Okay", und lächelt.

Das Telefon klingelt und ich gehe hin. Nach einem kurzen Gespräch lege ich auf und lausche. Lottas Stimme dringt so fröhlich und unbefangen schief aus ihrem Zimmer, wie sie es auch vorher tat. Tränen steigen mir in die Augen vor Erleichterung, es offenbar nicht verpatzt zu haben.

Als ich am Montagmorgen wieder in der leeren Wohnung sitze, Lotta war gestern zurück zu ihrer Mutter und Adrian direkt nach dem Frühstück zu einem mehrtägigen Termin abgereist, falle ich zurück in mein graues Loch. Ich zwinge mich an den Schreibtisch und entwerfe, schreibe und plane für ein eigenes kleines Unternehmen, das mir nun eine neue berufliche und persönliche Perspektive bieten soll.

Die Musik, meine eigene Stimme, fällt mir nun auf, ist mir über die Jahre mehr und mehr abhandengekommen. Heute tanzen nur noch lange Schatten vor meinem Gesicht und je mehr ich versuche, mich zu entspannen, umso wilder kreisen sie. Nach und nach verbanne ich jede Melodie aus meinem Leben, singe immer weniger, bis kein Ton mehr übrig bleibt. Ganz sachte und unbemerkt verliere ich den eigenen Klang und jeden Ausdruck meines Ichs. Manchmal aber ist da noch dieser schemenhafte Traum von Leichtigkeit, von einem Schall, der von einer Bühne hinunter zum Publikum strömt, vom ungestümen Applaus, von glucksender Freude im Bauch und des puren Glücks in meiner Kehle.

## Auftritt

Dann folgt ein glänzender Auftritt bei einer Familienfeier, bei der sich, alle fünf Jahre, auch entferntere Verwandte treffen. Wenn es schon kein Gesang ist, mit dem ich auftrete, lasse ich einfach mein Dasein zur Darbietung verkommen. So wie ich es jahrelang eingeübt hatte. Anwesenheit, mehr braucht es nicht, um eine Vorführung zu sein.
Die Familienmitglieder schütteln Adrian und mir munter die Hand, während Lotta mit den anderen Kindern umhertollt: „Gut siehst du aus. Besser denn je", sagen sie. Und fast stolz freue ich mich darüber, dass es, wie bei Aschenputtels Verwandlung, noch immer funktioniert.
Die Aufführung ist vollendet, gelungen, dem Anlass, den Erwartungen entsprechend. Den Erwartungen der anderen an mich. Oder sind es Erwartungen an mich, die ich den anderen unterstelle?
Im Vorfeld habe ich viel Zeit gehabt, meine Show zu proben. Viel Zeit für Gedanken, die ich nicht denken will. Und für Gefühle, die ich nicht fühlen will.
Zurück in der Höhle unserer Wohnung stürze ich vom strahlenden Licht der Scheinwerfer wieder hinab in die tiefe Finsternis in mir. Schemenhaft erinnere ich mich an eine kleine Szene am Rande der Darbietung.

*Backstage, im Dunkel, trugen meine Eltern ihren Text vor:*
*„Noch immer arbeitslos? Du Versagerin!*

*Es war klar, dass aus dir nichts wird.*
*Eine ‚feine Dame im Café' wolltest du sein.*
*Nun bist du ein Nichts. Das geschieht dir recht!*
*Hochmut kommt vor dem Fall!*
*Wir schämen uns für dich.*
*Und nun willst du dich selbstständig machen?*
*Immer anders, immer etwas Besonderes!*
*Das ist ja lächerlich!"*

*Es hallt in meinem Kopf wider.*
*Haben sie es wirklich gesagt?*
*Oder war ich es selbst?*

Seit meinem Nein, seit der Hochzeit und der Diagnose haben mich meine mir seit über dreißig Jahren bekannten Eltern verlassen und sich durch fremde, zärtlich besorgte ersetzt. Sie sind so neu, so anders, so irritierend tadellos. Ohne jede Bedingung, ohne jeden Vorwurf unterstützen sie mich. Meine Synapsen sind verwirrt. Wie zunächst tausend Nadelstiche in eiskalt gefrorenen Händen, wenn plötzlich sie wärmendes Wasser umgibt. Es ist, als ob meine Schaltzentrale die Hiebe ihrer Worte benötigte. Mehr und mehr übernehme ich in Stellvertretung selbst diese Aufgabe, schlage verbal fester zu, als sie es je taten. Mich niederzuschmettern ist mein Sollzustand, so schaurig-wohlig vertraut.

*Ihre Saat,*
*zur Meisterschaft gebracht.*

## Holzhütte

Ich war sechs, als ich jeden Halt verlor. Wir verbrachten einen dreiwöchigen, sonnigen Urlaub am Meer, in dem Dinge geschahen, die mich zutiefst ängstigten und meine kindliche Seele vollkommen erschütterten. Die Bilder von damals verfolgen mich noch immer.

Mit dem Auto waren wir auf der Reise in den Süden. Es gab noch keine Klimaanlage, die die Heftigkeit der Hitze abgemildert hätte. Ida und ich rutschten, mal ungeduldig, mal apathisch, im Hemdchen auf den heißen Rücksitzen hin und her, ein Tuch schützte unsere blassen Schultern vor dem glühenden Gurt. Die Fenster waren mit Stoffen verhangen. Die durch einen winzigen Spalt sichtbaren, vorbeiziehenden Landschaften veränderten sich stetig und wurden immer fremder. Die Stimmung war angespannt, meine Eltern gereizt, wir Mädchen erschöpft. Einen Tag entfernt von unserem Zuhause machten wir Rast in einer einsamen Bauernhütte in den Bergen, umgeben von düster-bedrohlich wirkenden Tannen, die meine lebhafte kindliche Fantasie anstachelten. Es war tiefdunkle Nacht und wir auf einer Reise nach Irgendwo.
Ich schlief unten im Doppelstockbett. Ida fand es abenteuerlich und spannend, oben zu liegen. Ich war dafür zu ängstlich, es war mir viel zu hoch und ich hatte Sorge, im Schlaf hinauszufallen. Lange lag ich wach und hörte, wie nach und nach ein Wind anhob und pfeifend die Baumspitzen als Instrumente nutzte. Später wachte ich auf und spürte die Kälte der schattenhaften Fremdheit, die mich umgab. Mein Bauch schmerzte und ich wollte zu meinen Eltern ins Bett. Barfuß tapste ich zum Zimmer nebenan und öffnete die knarzende Tür. Der Raum war leer, sie waren nicht da, die Laken unberührt. „Wo seid

ihr?", wimmerte ich und begann, panisch nach ihnen zu rufen. Ich bekam keine Antwort. Meine Schwester schlief. Oder sie ist tot, dachte ich. Ich malte mir Grauenvolles aus. Hänsel und Gretel. Allein im tiefen, dunklen Wald.

Ich stolperte die enge Stiege hinab und stand vor der Eingangstür. Ich sah durch eine winzige Luke hoch in den Himmel. Zwei schwarze Vögel zogen vor dem vollen Mond ihre Kreise. Wolkenschlieren vernebelten das Bild. Finstere Tannenspitzen wippten bedrohlich hin und her. Ich nahm die Klinke in meine kleine Hand. Entschlossen drückte ich sie herunter. Doch die Tür ließ sich nicht öffnen. Verschlossen! Ich versuchte es wieder und wieder. Eingesperrt! Verlassen! Verloren! Ich stürmte die Treppe hinauf, rutschte ab und blieb mit meinem rechten Fuß zwischen den Stufenbrettern hängen. Das Dunkle, das meine Eltern geraubt und uns gefangen hatte, griff nach mir. Ich zerrte an meinem Fuß, panisch, und als ich ihn endlich befreit hatte, robbte ich auf allen vieren bis nach oben. In aller Eile hin zum Fenster, ich riss es auf und schrie, hinaus in diese gewaltige Nacht.

Dort unten auf der Wiese sah ich zwei schwarze Gestalten, die lange Schatten im Mondlicht warfen und die sich nun in Bewegung setzten und immer schneller auf die Hütte zueilten. Ich konnte die Schattenrisse nicht erkennen, jedoch hörte ich sie meinen Namen rufen. Und schon machte sich jemand an der Tür zu schaffen, rüttelte kräftig daran. Dann öffnete sie sich und mein Vater stand atemlos vor mir. Er und meine Mutter waren spazieren gewesen, die Tür hatte einfach nur geklemmt. Plötzlich steht mein Gedächtnis still, es hat den Faden verloren. Ich weiß nicht mehr, ob sie mich trösteten, ob sie mich auslachten oder ob sie mit mir schimpften. Es ist, als hätte ich einige Tage in Trance verbracht, ich entsinne mich erst wieder an die Stunden am Meer.

Tagtäglich gingen wir bepackt mit unserem Strandspielzeug, mit Hütchen und Schirm den langen Weg durch ein dunkles Wäldchen zum Meer. Trotz meiner Erschütterung, an die mich die aufgereihten Nadelbäume erinnerten, schritt ich tapfer hindurch. Der intensive Geruch der Pinien, gemischt mit salziger Luft, beruhigte meine überspannten Nerven. Endlich am Strand angekommen, warfen wir uns in die Wellen, plantschen, bis unsere Lippen blau waren. Ich entsinne mich an die Reifenschaukel, an den „Cocco-bello-rocco"-Mann, von dem wir Kokosstückchen kauften, an das viele Eis, von dem wir so viel essen durften, wie wir wollten. Entspannt lagen Mama und Papa auf ihren Sonnenliegen, während wir Mädchen über den Strand tobten.
Lächelnd denke ich heute daran, wie unsere Eltern uns vorflunkerten, dass es eines Abends grüne Pommes gäbe, nachdem wir einige Tage lang das uns fremde Essen verschmäht hatten. Ida und ich stürzten uns begierig darauf, bis wir erfuhren, dass es sich um Zucchinistreifen handelte.
Vor dem Gebäude, in dem auch unsere Ferienwohnung war, gab es ein kleines Bäumchen, das mit einem Rund von Steinen eingefasst im Kies stand. Um diesen Baum rannten wir Kreise, immer und immer enger. Auch als ich einmal fiel und mir, mal wieder, die Knie aufschlug, ging es weiter, im fröhlichen Wettstreit mit den beiden etwa gleichaltrigen italienischen Mädchen von nebenan. Wir verstanden kein Wort voneinander, aber wir lächelten uns an. Das genügte.
Es waren schöne Tage, angefüllt mit Licht und Wärme, voller Freiheit, ohne Druck. Allerdings war mir alles sehr fremd und nach dem nächtlichen Erlebnis in der Holzhütte sehnte ich mich danach, beschützt zu werden, in Sicherheit zu sein. So hing ich bei jedem Ausflug am Rockzipfel meiner Mutter. Immer wieder schaute ich, ob meine Eltern noch da waren, miss-

trauisch, sorgenvoll. Vielleicht hätte ich diesen Vorfall in der Holzhütte bald vergessen, langsam wäre er verblasst, wenn mein Bedürfnis nach Geborgenheit gestillt worden wäre. Doch meiner Mutter wurde es schließlich zu viel und sie schüttelte mich ab, wie lästigen Schmutz vom Rocksaum.

Drei Wochen Urlaub gingen zu Ende. Eines Abends, es war schon fast dunkel und Ida und ich lagen im Bett, verließen meine Eltern die Ferienwohnung, um im Geschäft nebenan letzte Souvenirs zu kaufen. Sie hatten uns abermals nicht Bescheid gesagt. Und so wachte ich wieder auf, in einem fremden Land, umgeben von Menschen in einer fremden Sprache. Ida schlief tief und fest. Doch ich stand da und war ohne Mutter und Vater. Allein. In meinem rosa Nachthemdchen lief ich durch die Wohnung, immer kopfloser, immer stürmischer, und hinaus auf die Straße. Ich fürchtete mich in dieser unbekannten, quirligen Dämmerung, sah die vielen Lichter der vorbeifahrenden Autos, hörte die unzähligen Geräusche, roch den Gestank der Abgase und spürte die leicht kühlere Brise auf meiner Haut. Ich stand am Straßenrand und taumelte umher, mal nach links, mal nach rechts, das rote Leuchten der Bremslichter warnte mich, das Hupen der Motorroller schreckte mich auf. In Tränen aufgelöst wankte ich und schrie: „Wo seid ihr? Lasst mich nicht alleine!“, bis ich sie endlich fand. Oder sie mich.

Vor Panik war ich völlig verschwitzt. Meine Mutter stellte mich unter die Dusche. Nur konnte ich mich nicht beruhigen, weinte und jammerte unentwegt, machte ihr Vorwürfe, fragte nach dem „Warum“ und vergoss unendliche Tränen. Bloß und nackt stand ich unter dem Wasserstrahl und fror vor Angst. Ich wollte sie umarmen, griff nach ihr, nach ihren Armen, wollte mich an ihr wärmen, ihre Nähe spüren, sicher sein. Sicher, dass sie mich nie wieder verlässt.

Mit einem Mal wurde es ihr zu bunt. Ihr Blick verdunkelte sich, wurde messerscharf und kalt. Sie wehrte mein Flehen ab und brüllte los: „Stell dich nicht so an!“ Dieser Ausdruck in ihren Augen. Ich sah, wie sehr sie mich hasste. Ich hatte solche Furcht vor ihr und schämte mich. „Mama, Mama, nein, es war doch keine Absicht. Ich wollte dich nicht ärgern. Bitte, nein, es tut mir so leid! Mama!“

Ich bettelte und flehte, doch dann schlug sie zu. Ich hob die Arme vor den Kopf und schützte mein Gesicht. Mit beiden Händen prügelte sie hemmungslos auf mich ein. So viele Hände auf meiner Haut. Sie schnellten überall auf meinen Körper. Sie schlug zu, bis ich im nassen Duschbecken keinen Halt mehr fand. Ich glitt im rutschigen Schaum aus, verlor das Gleichgewicht, wieder und wieder. Ich kämpfte mich hoch, bis der nächste Hieb mich niederdrückte, stürzte auf das aufgeschlagene Knie, das erneut zu bluten begann. Das Blut rann schlängelnd über die weiße Bodenfläche bis hin zum Abfluss. Sie drosch auf mich ein, für mich gab kein Entkommen. Ich hatte die Prügel ja auch verdient, ich weinerliches Kind, das sich anstellt. Alles hatte ich falsch gemacht. Alles war nur meine Schuld.

Es wurde still. Die Schläge hatten aufgehört. Meine Mutter saß vor mir auf dem Boden und weinte. Ich wagte kaum, aufzublicken und sie anzusehen. Mit gesenkten Lidern schaute ich langsam an ihr hoch. Sie massierte zaghaft ihre Hände, die rot und leicht geschwollen waren.

Ich kauerte in der kleinen Wanne und wusste plötzlich sicher, es wäre gut, nicht mehr zu sein. Wie sollte es nun weitergehen? Werden wir uns je wieder ansehen können? Nichts könnte je wieder gut werden. Alles war verloren.

*Ich war sechs Jahre alt und hatte keine Hoffnung mehr.*

Dann war alles taub, wie ein Film, der abrupt endet. Was mir bis heute davon bleibt, ist Angst. Angst, nicht geliebt und nichtsahnend verlassen zu werden. Vor Dunkelheit und Tannen. Die Angst vor der Angst. Was bleibt, ist die Scham, das Misstrauen gegenüber meinen eigenen Gefühlen und diese unermesslich große Schuld. Und schließlich auch die Sicherheit, dass es keine Sicherheit gibt.

## Ballett

*Diese Reise.*
*Danach wurde ich krank.*
*Ich musste im Bett bleiben, ich musste gepflegt werden.*
*Ich wurde versorgt: Wärmflasche, warme Suppe, Bücher.*
*Ich wurde nicht geschlagen.*

*Ich war so gerne krank.*

Noch immer zittere ich innerlich, wenn etwas in mir diese Saiten berührt, die eine Melodie der Angst spielen. Gleich bricht ein Sturm los in meinem Körper. Er schüttelt mich frostig. Meine Hände beben. Klappernde Zähne. Schnell flüchte ich mich ins Bett wie früher oder in die Wärme der Badewanne.
Bei jeder Diskussion, jeder Konfrontation, egal mit wem, ob mit einem Vertrauten oder Unbekannten, spüre ich diese Urgewalt wieder aufziehen, bemerke die Kräfte meiner Schwäche, aller Verletzungen, wie sie sich zusammenrotten, um mir wild durch die Glieder zu fahren. Ich verkrampfe, werde hart und kalt, ziehe meine Schultern hoch. Ich habe nie gelernt, wie man sie los-

lässt. Keinen Moment entspannt. In jedem Augenblick auf der Hut.
Wenige Wochen später ging ich mit meiner Mutter auf eine düstere Turnhalle zu, in der meine erste Ballettstunde stattfinden sollte. Jeder Schritt dorthin ließ mich verzagter werden und ich griff nach ihrer Hand. Ganz eng lief ich bei ihr, schmiegte mich an ihr Bein und spürte jede ihrer Bewegungen. Ich versuchte, sie entzückend anzulächeln: „Nicht wahr, Mama, du guckst zu. Du bleibst bei mir und lässt mich nicht wieder alleine."
Sie stockte, der in meiner Bitte enthaltene Vorwurf zerschnitt die Luft. Ruckartig entzog sie mir ihre Hand, packte mich bei den Schultern und sah mich gereizt an. „Jetzt reicht es mir aber. Du bist alt genug, um alleine hier zu sein. Ich bringe dich rein und hole ich dich später wieder ab."
„Nein, bitte, Mama, bleib hier. Nur heute bei der ersten Stunde!", bettelte ich.
„Dann bist du wohl einfach noch nicht alt genug", zischte sie gedämpft, griff fest meinen Arm, riss mich herum und zerrte mich zurück zum Auto.
Erst ein Jahr danach, als ich in die zweite Klasse kam, hatte ich allen Mut zusammengebracht und der Wunsch, Ballett zu tanzen, war so groß, dass ich einen neuen Versuch wagte. Und alleine dort blieb. Doch nach wie vor haftete diesen Räumen ein bitterer Beigeschmack an. Angst und Scham waren längst fester Bestandteil meines Lebens.

## Niemand half

Nie sprach jemand Ida oder mich auf blaue Flecken, auf Verletzungen an. Wie war das möglich?

Gab es sie nicht, gab es keine Blutergüsse oder Striemen? Waren die Schläge so platziert, dass alles unter der Kleidung verborgen blieb, wanden wir uns unter den Hieben so geschickt, bis der Sturm, die Wut vorüber war und das Schweigen einsetzte? Habe ich es vergessen, verdrängt? Oder war die Gewalt weniger gewaltig als mein abgeblasstes Andenken daran?
Die Scham im Gesicht meiner Mutter danach schützte uns nicht vor einem nächsten Mal. In der Miene meines Vaters las ich keine Scham, nur Wut. Unbändige Wut und vielleicht auch Verzweiflung. Schließlich verschwand er, ins Bett, zur Arbeit, in den Garten, zu einer Sitzung.
Und dann war jede von uns wieder mit sich allein. Tief in meiner Magengrube spürte ich diese Gewissensbisse, die Übelkeit, meine anmaßende Schuld, ein böses, verachtenswertes Kind zu sein. Das nagende Bewusstsein meiner Schande blieb mir immer auf den Fersen, das endlos schlechte Gewissen umschlich mich wie ein zynischer Geist.

*Gewalt. Angst. Unsicherheit.*
*Es gab keine Schutzzone, nur die Unbeständigkeit*
*wie das Wetter an der See.*

Dann wieder drehte der Wind und es herrschte Sonnenschein. Wenn wir uns durch einen Sturz verletzten, weil wir mit unseren Rädern zu schnell in die von Rollsplitt überhäufte Kurve fuhren, das Knie gestoßen hatten und es blutete, hockte unser Vater verzweifelt vor uns. Wie gelähmt, unfähig zu helfen, hibbelig, überfordert und tränenverhangen. Dann kam meine Mutter herein, schob ihn zur Seite. Automatisch und versiert erledigte sie die Verarztung.

*Wer waren diese Menschen?*
*Wo war der Schlüssel zu ihnen?*
*Ich verstand sie nicht.*

Hatten nicht alle anderen Kinder liebevolle Mütter und ausgeglichene Väter? Warum waren wir nur die einzige Familie, bei der etwas nicht stimmte? Unsere Cousinen und Cousins, unsere Freunde und Nachbarn, alle hatten tolle Eltern, mit denen sie lachten, die freundlich mit ihnen sprachen, die sie herzlich umsorgten.
Warum nicht wir? Warum nicht ich? Was war an uns so absonderlich, dass wir das nicht verdienten?

## Schwester

Ich wähnte mich auf einer Insel im Niemandsland, auf die nur wir verbannt worden waren, meine Eltern und Ida und ich. Trotzdem waren wir alle voneinander getrennt. Diese Einsamkeit, die ich in ihrer Gewöhnlichkeit kaum wahrnahm, umschloss, umklammerte mich fest.
Meine Schwester und ich lebten auf unterschiedlichen Planeten:
Sie auf dem Dick-dumm-hässlich-, aber Freundlich-gut-und-hilfsbereit-Planeten und ich am anderen Ende der Galaxie. Mein Planet hieß schön-schlank-schlau, aber arrogant-böse-und-berechnend.

*Ida und ich sind uns nie begegnet.*
*Nur aneinander vorbeigerauscht.*

Niemals drang unsere Wahrnehmung hinein in die Seele dieser Schwester, dieser Fremden. Gegeneinander aufgehetzt fiel unser Blick verächtlich und kampfeslustig auf die andere. Jede von uns stand einsam in der ihr zugeteilten Ecke des Rings, jede allein auf ihrem Platz der Arena unserer dunklen, kalten Welteninsel.

*Ohne Mutter. Ohne Vater.*
*Kinderseelenallein.*

Niemals hätte ich tauschen wollen mit dieser Unbekannten, diesem wildfremden Widerpart, meiner Feindin und Rivalin. Ihr Planet widerte mich an, schreckte mich ab und faszinierte mich doch. Gab mein Planet mir keine Sicherheit, kein Gefühl von Heimat, war er doch das einzige Zuhause, das ich hatte.
Achtsam betrat ich nur sporadisch unerforschte Wege. Minen aus Unterstellung und Verständnislosigkeit verbargen sich überall. Kaum wagte ich, das Dickicht um mich herum zu betrachten und schon gar nicht, mich bis zur Sichtbarkeit hindurchzuschlagen. Was wäre geschehen, hätte ich einen falschen Schritt getan? Auf diesem Planeten gab es etliche gefährliche Zonen. Es war so unsagbar viel einfacher, etwas falsch zu machen als nur das Geringste richtig.
Vorsichtshalber rührte ich mich kaum, war zur Sicherheit ein braves Kind. Mein Ziel war es, so unauffällig wie möglich zu sein, und wenn ich dennoch entdeckt würde, wenigstens nichts zu bieten, woran etwas auszusetzen wäre. Leise versteckte ich mich hinter den Seiten meiner Bücher, zwischen den Bäumen des Waldes und hoffte mehr auf die mir selbst verordnete Vollkommenheit, als dass ich aktiv auf sie hinarbeitete.
Hinter Idas unbändiger Wut verbarg ich mich auch.
Ida war sehr laut. Sehr aufständisch. Sehr heftig. Auf den Fotos

von damals sehe ich sie fast immer weinen. Und ich stehe daneben und blicke sie fragend an.

*Wir gingen unseren Weg.*
*Erlebten nebeneinander.*
*Ohneeinander.*
*Jede auf ihre Weise,*
*jede mit ihren Gedanken,*
*jede mit ihrer Verwundung.*

Je auf eine Tochter hatten sie sich spezialisiert. Meine Mutter konzentrierte sich auf mich, mein Vater auf Ida. In seiner Wahrnehmung überdeckte ihr irgendwann schützend bewehrter Körper ihr hübsches Gesicht. Er sah auch nicht, dass ihre Schulprobleme vor allem darin fußten, dass ihr Kopf von Sorgen und Angst blockiert war.

*Elterlich erwartungsvolle Blicke,*
*bis das Kind nur noch aus Defiziten besteht.*

Ich hatte es leichter. Denke ich meist. Ab und an durfte ich hoffen, dass immerhin ein Elternteil, mein Vater, auch Gutes an mir fand. Ihm, der Augenblicke der Wärme hatte, gefielen meine schulischen Leistungen, meine Sportlichkeit, mein Erschei-nungsbild. Doch war er es, der meine Schwester ebenso unerbittlich auf ihren Planeten verdammte, wie meine Mutter mich auf meinen. „Keineswegs“, widersprach Ida, „leichter habe ich es, jetzt zumindest. Mir geht es gut.“ Dies innerlich bestreitend ließ ich ihr ihren Glauben: „Wenn es ihr damit besser geht. Aber ich habe Adrian. Sie ist noch immer allein.“

## Nein

Nur einmal in meiner Kindheit war diese unbändige Ida wirklich meine große Schwester. Sie war fünfzehn und rebellischer denn je. Erneut war sie mit unserem Vater zusammengerauscht. Die beiden standen einander gegenüber und brüllten sich an, immer markerschütternder wurde der Streit. Die Tür zur Küche öffnete sich und unsere Mutter kam heraus. Essensduft wehte in das Speisezimmer. Ich wartete unbeweglich in sicherer Entfernung. Die Mutter auch. Unsere Mutter prügelte nicht mehr. Das hatte aufgehört, einfach so, ohne dass wir es richtig bemerkten. Die Schläge unseres Vaters verhinderte sie nicht.

Nun schrie er. Er wütete.
Wir verharrten hilflos, ahnend, was unweigerlich passieren würde.
Dann holte er aus.
Urplötzlich brach es in kristallklarer Schlichtheit und Schärfe aus meiner Schwester heraus: „Nein!"
Nie zuvor habe ich eine Kraft gespürt wie diese, die sich auf ein einziges Wort konzentrierte.

*Die Hand blieb in der Luft.*
*Angehaltener Atem,*
*angehaltene Zeit.*

*„Nie wieder. Oder ich zeige dich an."*

*Es war vorbei.*

Der Vater, der uns später nachts, mit einem Baseballschläger im Kofferraum, egal zu welcher Uhrzeit von der Disco abholte, um uns zu beschützen, schlug nicht mehr zu. Nie mehr uns. Nur Türen.

*Dieses gigantische „Nein“ meiner Schwester!*
*Danke, Ida.*

## Böse

Unsere ganze Kindheit erlebten wir auf unserem einsamen Planeten. Jeder bewegte sich für sich allein, ich versuchte stets, auf den mir vorbestimmten Wegen zu gehen. Und wenn ich trotz alledem – mutig oder leichtsinnig – danebentrat, hörte ich sogleich eine zynische Stimme:

*„Ach, Madame ist sich zu fein dafür.“*
*„Ach, Madame hat natürlich etwas Besseres verdient.“*
*„Ach, Madame will wieder einmal etwas Besonderes sein.“*

Und eines Tages, ich war vielleicht acht Jahre alt, sagte meine Mutter diesen Satz, der dann zu meinem Mantra wurde. Sie brandmarkte mich damit in meiner ganzen Existenz. Nicht nur vor mir alleine, sondern auch vor Ida, die neben mir war, und somit vor meiner ganzen Welt:

*„Schau in deine Augen“, hörte ich es zischen, „schau tief hinein!“*
*Sie machte eine kurze Pause. „Was du dort siehst, ist das Böse.“*

Es war, als peitschte eine Liane durch mein Gesicht und ätzte sich in meine Stirn. Ein Schandmal, für jeden sichtbar, unauslöschlich für mein ganzes Leben. Ich stand da, bis ins Mark erschüttert. Ich rekapitulierte die letzten Minuten. Was hatte ich getan, was hatte ich gesagt? Mein Suchen war erfolglos, das Rätsel unlösbar. Hatte ich nicht helfen wollen, hatte ich nicht Recht mit meinem Einwand, hatte ich nicht mit einer kleinen Idee eine Lösung geliefert? Das Zittern hörte nicht auf, Zweifel fraß sich durch mich hindurch, bis tief in meine Eingeweide, wie ein Tier, wie ein ekelerregender Wurm durchschlängelte mich das Misstrauen gegen mich selbst.

Meine Augen, strahlend und blau, waren nicht mehr dieselben. Sie waren vergiftet. Ich war vergiftet.

Mein Gesicht, meine Gedanken, Ideen und Sätze, mein Körper, meine Seele. Alles war unwiederbringlich befleckt mit nur einem Wort: böse.

Die bodenlose Angst, meine enge Vertraute, hatte nun noch ein weiteres Ziel: mich. Ich musste vor meinem eigenen Ich auf der Hut sein, konnte mir nicht trauen, mein Ich zerfiel in zwei Teile. Ich hatte es immer gefühlt, ich war anders. Und nun wusste ich, dass es das pure Böse war, was mich anders sein ließ. Dass ich das Böse in mir nicht erkannt hatte, dass ich an und in mir auch weiterhin so gar keine mutwillige Bosheit entdecken wollte, waren ultimative Beweise meiner Scheinheiligkeit und Arroganz.

Und so suchte und fand ich abermals neue, immer abstrusere Beweisführungen, dass die These meiner Mutter stimmte: In mir wohnt das Böse.

Noch immer durchforste ich im Anschluss jedes Gespräch auf Fehler, die ich begangen, mögliche Beleidigungen, die ich gesagt hatte, oder Missverständnisse durch falsche Begriffe, die ich gebraucht haben könnte. Ich bin mein eigenes Forschungsprojekt, das ich misstrauisch beäuge, immer ängstlich auf der Suche nach der Bestie in mir. Und hoffte dabei stets, dass irgendwann felsenfest sicher ist, dass ich einfach missverstanden werde.

Wenn meine Eltern sich stritten, und das kam sehr häufig vor, saß ich still in einer Ecke und schaute mir die Situation genau an. Ich wollte den beiden helfen, sich besser zu verstehen, versuchte zu übersetzen, was der andere gemeint haben könnte, versuchte, zu schlichten. Doch damit zog ich allen Zorn auf mich. Und dann war ich wieder „dieses böse Kind"!
So verrückte sich in mir alle Wahrheit und alle Wahrnehmung wurde verkehrt, jedes Wort erhielt eine fremde Bedeutung und ich, die ich zu kennen glaubte, war nicht ich.

*Das Böse. In mir. Das Böse. Ich.*

Ich weiche Blicken aus, die suchend auf mir ruhen. Auf meinen Augen. Dann schließe ich sie schnell oder senke den Kopf, um die Wahrheit zu verbergen. Noch heute.

## Die halbe Praline

Eine halbe Praline manifestierte das Böse in mir, sie war ein weiterer maßgeblicher Beweis.
Ich bekam eine kleine Schachtel mit zwölf Pralinen. Vielleicht war es zur Weihnachtszeit, dieser ohnehin so explosiven Phase in unserer Familie.
Nach einigen Tagen waren noch drei der Köstlichkeiten übrig. Meine Schwester fragte nach einer. Ich überlegte und bot ihr fast widerwillig, mit einer seltsamen Mischung aus eigener gefühlter Großzügigkeit und vorausahnender Scham, eine halbe Praline an. Sie löste eine Lawine der Entrüstung bei meinen Eltern aus. Tage-, wochen-, jahrelang wurde dieses verdammte Stück Konfekt verbal noch durchgekaut. Wieder und wieder

klagten meine Eltern mich dafür an. Es steht nun lebenslang für meinen Egoismus, meinen Geiz, meine berechnende Art, meine Boshaftigkeit.

Ich habe oft daran gedacht. Noch heute plane ich, wann ich was esse, arrangiere etwas ganz Besonderes für den Schluss, fast zwanghaft, auch wenn ich am Ende oft zu satt bin, es noch zu essen. Ich glaube, dass Idas Bitte meine Vorfreude auf das wohlgeplante kulinarische Finale durchkreuzte und ich den Schaden daran so gering wie möglich halten wollte. Viel schlimmer als jeder mögliche Schaden aber war, dass ich mich so missverstanden, so ungerecht verurteilt gefühlt habe. Oder wollte ich einfach nicht wahrhaben, dass ich dieser fremden Schwester schlicht nicht mehr gönnte?

*Ich lief weg,*
*lief hinein in den Wald.*
*Wir durften nur bis zur grünen Bank alleine in den Wald gehen, heute ging ich weiter.*

*Ich wollte mich verirren.*
*Ich verirrte mich nicht.*
*Zu gut kannte ich alle Wege von den wöchentlichen Sonntagsspaziergängen. Ich horchte, hoffte auf Rufe, Suchende.*

*Aber ich hörte nichts,*
*mich suchte niemand,*
*mich fand niemand.*

Nach drei Stunden schlich ich durch die Hintertür zurück ins Haus. Meine Mutter stand in der Küche und gab mir zu verstehen, dass sie mein Fortbleiben bemerkt, aber meinen Plan durchschaut hatte. Und dass sie bewusst nichts unternommen hätte. Nach der Kälte im Wald begrüßte mich Kälte daheim.

*Und wieder war da diese Scham. Dieser Ekel.*
*Nicht einmal mir war ich davongelaufen.*

## Nicht gewollt

Der Wind steht waagerecht.
Ich sehe aus dem Fenster, an das sich die Regentropfen krallen, als wollten sie nicht weiter durch die Luft gewirbelt werden. Der Regen erreicht Stellen am Fenster, die er sonst nicht erreicht. Er versucht, die Chance zu nutzen, sich zu verkriechen vor diesem eisigen Sturm.
„Fast wie damals, vor sechsunddreißig Jahren", hatte meine Mutter vorhin zu meinem Geburtstag am Telefon gesagt. Als ein Orkan eine heftige Sturmflut auslöste, als Deiche brachen, Bäume umstürzten, Menschen ertranken, wurde ich geboren.

*Sturm. Erst langsam legt er sich.*

Wie die Regentropfen am Fenster, verkroch sich damals dieses Kind in ihr, gerade so, als spürte es, was es draußen erwartete. Vor sechsunddreißig Jahren.

*Ich. Das Kind.*
*Es war nicht gewollt, nur erwartet.*

*Erwartet.*
*Von der Familie, von den Bekannten, von den Nachbarn, von*

*der Gesellschaft.*
*Ein Kind.*
*Es gehört einfach dazu.*

„Hätte ich gewusst, dass man eine Ehe auch ohne Kinder führen kann ...", sagte meine Mutter Jahre später, als ich schon erwachsen war. Diese Klarheit war gar nicht mehr nötig. Viel früher schon hatte es sich so angefühlt. Trotzdem tut es weh.

Auch ich führe eine Ehe und ich bin ohne eigene Kinder. Nach und nach schlägt die Uhr noch lauter. Sechsunddreißig Jahre. Alt. Ich kann das Bedenken kaum noch vertagen, verdrängen, so wie ich es in den letzten Jahren getan habe. Ich stehe vor der Frage, ob ich noch ein Kind haben möchte oder nicht. Die Zeitspanne schrumpft. Die Ärztin hatte mir nach der Diagnose zwar davon abgeraten, doch mein Körper hat sich in den letzten zwei Jahren ein wenig regeneriert. Nun sitze ich vor der Ärztin und sie versichert mir, dass ich inzwischen mit intensiver Betreuung eine Chance hätte, eine Geburt zu überstehen. „Doch was danach noch folgt, kann ich Ihnen nicht sagen", fügt sie noch vielsagend hinzu. Ich nicke. Mir ist schon lange bewusst, dass ich wahrscheinlich eine verkürzte Lebenserwartung habe. Tagtäglich begegnen mir Familien, Kinder und in meinen Gedanken kreist es. Die Idee einer Schwangerschaft allerdings löst in mir eine massive Übelkeit aus. In mir wehrt sich alles dagegen. Dennoch: Wenn ich ein weinendes Kind sehe, das sich in die tröstenden Arme seiner Mutter wirft, steigen Tränen des Vermissens in mir auf.

Adrian ist skeptisch, „wir haben doch Lotta", sagt er dann. „Und was ist, wenn dir doch etwas passiert? Dann stehe ich da, muss für dich sorgen oder bin sogar ganz ohne dich, mit einem kleinen Kind, das ich durchbringen muss, und dem Haushalt und dem Job. Ich bekomme Panik, wenn ich nur daran denke."

Vielleicht hat er Recht? Ist das Risiko nicht allzu groß? Und ist nicht das, was ich jetzt habe, schon so unendlich viel?
Seit wir umgezogen sind, kann Lotta an den Wochenenden ohne Begleitung mit dem Zug zu uns fahren, denn es sind nur wenige Stationen und sie ist als Trennungskind von klein auf sehr reiseerfahren. Adrian und ich stehen fast immer gemeinsam am Gleis und warten. Dann hüpft dieses süße, über die Jahre größer und größer werdende Wesen freudig aus dem Zug und fliegt uns um den Hals.
Nur einmal, als ich sie zum ersten Mal alleine abholte, weil Adrian einen seiner ersten Termine im neuen Job absolvierte, ging etwas schief. Ich stand am Bahnsteig, wandte den Kopf hin und her, immer ängstlicher werdend. Keine Lotta. Ich versuchte, sie anzurufen, kein Empfang. Ich klingelte Adrian aus seinem Termin: „Lotta ist nicht da!", rief ich verzweifelt. „Beruhige dich, mein Schatz, ich versuche es noch mal bei ihr." Zwei endlose Minuten später rief er zurück. „Weil im Zug die Anzeige gesponnen hat, ist Lotta versehentlich eine Station zu früh ausgestiegen. Sie wartet dort, dass du sie abholst."
Unendliche Panik stieg in mir auf. Vierzig Kilometer entfernt saß ein kleines, kaum zehnjähriges Mädchen, allein in einem fremden Bahnhof und ich war diejenige, die nun alle Verantwortung für sie trug. Ich sprintete zurück zum Parkplatz, sprang in das Auto und raste über die Autobahn zur nächsten Bahnstation. Jede Ampelphase dehnte sich aus bis zur Unendlichkeit, jeder vor mir Fahrende schlich, als habe er das Gaspedal verloren. Mein Herz pochte, als ich das Auto mehr hinwarf als parkte. Ich rannte in dies unbekannte Bahnhofsgebäude, hektisch umherschauend, bis mein Blick auf den Rücken eines kleinen Mädchens fiel, das dort, neben dem Kiosk auf einem Stuhl saß. „Lottchen!", rief ich und meine Stimme hallte wider. Wie eine Große drehte sie sich um, erhob sich, lächelnd, souve-

rän. Doch mit jedem meiner Schritte, die ich auf sie zumachte, brach ihr Lächeln weiter zusammen, ihre Stirn kräuselte sich und ich sah, wie sie kämpfte. Dann rollten ihr die Tränen über das Gesicht. Schluchzend warf sie sich in meine Arme und meine eigenen Tränen tropften auf ihr langes, weiches Haar.

*Das nicht gewollte Kind bin ich.*
*Die Mutter, die keine Mutter sein wollte, ist meine Mutter.*
*Und die Mutter meiner Schwester.*
*Zu viel, zu jung, zu überfordert.*

*Sie hat uns geboren.*
*Sie hat uns genährt.*
*Sie hat uns gekleidet.*
*Sie hat uns verwaltet.*
*Sie hat uns nicht gewiegt.*

Das hat unser Vater getan. Zwischen seinen Wutanfällen, bei denen er die Türen zerschlug. Es gab Strohhalme, es gab Lichtblicke, es gab Sonnenaufgänge. Zwischendurch.
Es gab kleine Fluchten. Mit dem Fahrrad, in den Wald, in die Fantasie. In Bücher, das war die weiteste und längste Flucht. Ein unendlich langes Regal von Büchern verschloss die Tür meines Zimmers, als wollte ich das Leben aussperren.
Dann war ich Prinzessin, Tochter liebevoller Eltern, stolzer, zärtlicher, warmer Eltern. Ich fühlte mich geborgen auf meiner Flucht.
Wir waren die perfekte Familie, die Vorzeigefamilie. So außen, so äußerlich, wie die Regentropfen auf dem Fenster, aus dem ich hinausblicke. Die Elite des Ortes, in dem wir lebten. Mein Vater: verehrt, bewundert, bekannt.
Verkannt.

Mehr Erwartungen: von der Familie, von den Bekannten, von den Nachbarn, von der Gesellschaft. Wir waren wohlerzogen, gesellschaftsfähig, wussten, was sich gehört. Als Elite.
Ich war Prinzessin. Für das Außen. Dass Prinzessinnen nicht geschlagen, geprügelt, gestraft wurden, ahnte ich nicht, konnte ich nicht wissen. Ohnehin, ich habe so viel nicht gewusst. Ich habe so viel vergessen. Nur ein paar Situationen. Nur ein paar ...
Meine nicht gewollte Schwester sagte irgendwann, dass es täglich Prügel gab. „Keinesfalls", protestierte ich, „höchstens einmal in der Woche. Nur ein paar Vorfälle. Nicht mehr."

## Perfektes, leeres Haus

Ich blicke hinaus. Der Regen hat aufgehört. Die Tropfen trocknen langsam und hinterlassen kleine, schmutzige Kringel auf dem Glas. Dennoch werde ich die Fenster nicht putzen. Ich putze meine Fenster nie. Ich putze ungern, doch heute Abend kommen Gäste, neue Bekannte, die mit uns meinen Geburtstag nachfeiern wollen. Ich hole den Badreiniger aus dem Schrank, feuchte ein Tuch an und gehe ins Bad. Nur wenn Lotta da ist, verspüre ich einen eigenen Drang, es schön für sie zu machen, sauber und ordentlich. Ich putze ihr Zimmer, lege ihre Kuscheltiere zurecht, stelle ihr manchmal frische Blumen hin. Wenn sie da ist, frage ich sie fortwährend, ob sie Hunger hat oder Durst, ich ordne in Küche oder Wohnzimmer alles, was zu ordnen ist.

Meine Mutter hat oft bis Mitternacht gescheuert, gesäubert, geräumt. Alles war perfekt sauber, jederzeit. Falls jemand spontan zu Besuch kam, zu uns, der Elite des Dorfes.

Manchmal kamen Offizielle,
selten Verwandte,
Freunde eigentlich nie.
Ich war nicht sicher, ob sie welche hatten.

Für wen sollte ich putzen? Es kommen keine Offiziellen und nur selten Verwandte und Freunde. Die oberflächliche Ordnung wird immer gewahrt. Aber ich putze nur, wenn sich der Staub so unter dem Bett zu Mäusen zusammensammelt, dass ich sie schließlich überhaupt registriere. Adrian wird es manchmal zu bunt. Dann wedelt er unwirsch mit dem Staubsauger durch die Gegend, putzt im Hauruck alles einmal durch. Für wen sollte ich putzen? Etwa für mich? Außerdem ist es eine so elend müßige Tätigkeit, die dauernd von Neuem beginnt.

Staub. Dabei erinnere ich mich an einen Verwandtenbesuch, zu irgendeinem Geburtstag meiner Eltern, vor vielen Jahren. Es gab dieses Zeremoniell: Die Gäste trafen ein, man saß gemeinsam in Wohnzimmer, es wurden Getränke gereicht. Wenn alle Gäste anwesend waren, ging es hinüber in das Esszimmer zur Kaffeetafel. Die Kuchen meiner Mutter waren immer köstlich und sie achtete stets darauf, dass mindestens einer dabei war, der zu den Favoriten von uns Kindern gehörte. Nachdem die letzte Tasse geleert war, wurden ein paar Schritte durch den Garten oder den Wald zurückgelegt. Man traf sich wieder im Wohnzimmer bei Getränken und Knabbereien und erzählte. Meine Schwester saß in einem der mächtigen, beige gestreiften Sessel und lachte. Sie klopfte hierbei kräftig auf die Lehne und rief plötzlich begeistert: „Mama, schau mal, wie das staubt."
Leichenblässe war die Antwort, die vorläufige, und ein entschuldigendes Lächeln in die Runde. „Das Wetter, wie schön ..."
Schnell ein anderes Thema. Augenblicklich knipste ich mein

Glückliche-Tochter-Lächeln an und ging hinaus. Ich wusste, dass eine andere Antwort noch folgen würde. Dann gingen die Gäste und die Antwort kam.

## Die Verwandten

*Ich hatte so wenig hinterfragt,*
*ich habe so viel geglaubt.*
*Ich wollte so viel glauben.*
*Es war einfacher.*
*Es war schon kompliziert genug.*

Als ich zu studieren begann, wurde mir klar, dass nicht alle Menschen in eigenen Häusern mit großen Grundstücken wohnten. In meiner kleinen Welt aber war das bis dahin normal. In der Schule kannte ich niemanden, der mit seinen Eltern in einer Wohnung wohnte. Eltern mit nur einem Auto waren arm. In einer sehr kleinen Welt neigt man dazu, zu generalisieren.

*Blinde, unversehrte Existenz.*
*Kleine, heile Scheinwelt.*
*Auf dem Lande hilft jeder jedem.*
*Jeder kennt jeden.*
*Es ist immer jemand für dich da.*
*Wo?*
*Wann?*
*Für wen?*
*Für meine Schwester und mich?*

So viele Verwandte, so viele Bekannte, so viele Menschen, die wegsahen, die die Ohren abwandten, die unser Schauspiel für bare Münze nahmen, die es genossen.

*So viele Verwandte.*
*Sie existierten,*
*aber sie waren nicht da.*

Nur wie kann ich nun meinen Verwandten einen Vorwurf machen, dass sie nichts gesehen, nichts bemerkt haben, dass sie uns nicht zu Hilfe geeilt sind und uns nicht beschützten?
Wie kann ich ihnen vorwerfen, was wir doch selber mit aller Kraft zu verhindern suchten?
Wir als Familie hatten nie einen Tag der offenen Tür.
Ein sorgfältig verschlossener Theatervorhang.
Wir funktionierten perfekt,
waren ein eingespieltes Ensemble
auf der Bühne der Öffentlichkeit.
Diese Bühne gab uns Sicherheit. Vor dem Vorhang ging nie etwas schief. Es gab nur das perfekte Lächeln, behutsame Gesten, es gab nur liebevolle Worte. Je fremder und zahlreicher die Menschen um uns waren, desto glatter waren wir. Es war mir selbstverständlich, es fiel mir gar nicht auf und so lief alles ab mit einer im Rückblick unerklärlichen Leichtigkeit.
Unsere Cousinen und Cousins erzählten mir in den letzten Jahren, dass sie uns immer als Bilderbuchfamilie wahrgenommen haben. Was taten wir nicht alles, um dies Bild zu erschaffen! Sie beneideten uns um unser tolles Verhältnis zu unseren Eltern, das sie bei den Familienfesten sahen. Und wir hingegen beneideten sie.

## Kinderwunschangst

Vier Jahre sind Adrian und ich nun verheiratet. Und da ist immer noch dieser diffuse Kinderwunsch, der mir Hoffnung und Angst macht zugleich. Ich ekele mich vor einer Schwangerschaft. Diese Vorstellung lässt mich beben. Ein Leben in mir drin. Dort, wo das Böse herrscht. Ein Kind, dem ich eine Mutter sein muss. Verantwortungsvoll, liebevoll, geduldig.
Ohne Pause.
Dicke Bäuche lösen körperliche Abscheu in mir aus. Dieses Strahlen in den Gesichtern der werdenden Mütter ertrage ich nicht. Alles in mir wehrt sich schaudernd. Dabei liebe ich Kinder, habe immer wieder babygesittet und während meiner letzten zwei Schuljahre nebenher im Kindergarten gejobbt, meine Diplomarbeit drehte sich um Kinder und auch meine jetzige Selbstständigkeit. Ich spiele gerne mit Kindern, selbstvergessen, tobe mit ihnen und lache mich frei. Mit den Kindern anderer Leute.
Doch wie könnte ich selbst eine gute Mutter sein? Wie einem Kind all das geben, was es zum Wachsen braucht? Wie könnte ich es gedeihen lassen? Wie könnte ich verhindern, dass es sich von sich selbst entfremdet, verhindern, dass ich es kleinhalte und sein Wesen unter fremden Stempeln ersticke?
Wie könnte ich, eingesogen vom Strudel des Alltäglichen, stets das Gute in meinem Kind entdecken? Wie könnte ich es, wenn ich doch gelernt habe, auf das Böse, jeden Ansatz eines Fehlers im eigenen Kinde zu sehen, darin herumzustochern, bis die Hülle zerfetzt und das Mark erreicht ist?
Als ich eines Tages in einem Laden stehe, sehe ich neben mir ein Kind, das versehentlich einen Tisch anstößt, so dass etwas herunterfällt. Gleich hebt das Kind es wieder hoch, doch die Mutter faucht: „Pass doch besser auf!“ Und ich sage: „Toll, dass

du es wieder aufgehoben hast." Ich sehe noch einen kleinen Funken Stolz aufblitzen, bevor das Kind eilig fortgerissen wird. Und so kreisen wir manchmal in der Endlosigkeit unserer routinierten Reaktionen, einfach so, wie wir es einst selbst erfahren haben. Wir schaffen es kaum, tief durchzuatmen, einen Blick aus einer anderen Perspektive zu tun, solange wir Teil des Strudels sind. Bedeutet wirkliches Erwachsensein, diese zerstörerischen Dauerschleifen zu durchbrechen, den Mustern zu entwachsen und bei dem Wunsch nach Veränderung zuerst bei sich selbst zu beginnen?

Früher hatte meine Mutter oft erzählt, dass sie immer darauf wartete, sich nun endlich richtig erwachsen zu fühlen, doch dieser Moment sei nie gekommen. Heute verstehe ich es, denn noch immer bin ich in so vielen Situationen automatisch mehr ein Kind als Erwachsene. Und oft sind mir meine Gefühle und Reaktionen so schleierhaft, als kämen sie nicht von mir. Vor einigen Jahren berichtete mir Ida, unsere Mutter habe ihr erzählt, sie habe sich vor mir als Kind gefürchtet. Sie habe mich nicht verstanden, nichts anfangen können mit mir. Meine extremen, perfektionistischen Ansprüche an mich, meine Umgebung und die Welt, die meinen Büchern und eigenen Fantasien entsprangen, machten ihr Angst. In meiner Stille verbarg sich ein unbändiger Wille, die Verneinung aller Regeln, die mir nicht logisch erschienen, und eine zähe, aufreizende Unbeugsamkeit. Ich war ihr so rätselhaft, wie ich mir heute oft selbst bin. „Wir sind gewohnt, dass die Menschen verhöhnen, was sie nicht verstehen", sagte einst Goethe und so erkenne ich bei meiner Mutter, meinen Eltern keine vorsätzliche Bosheit, sondern erahne nur ihre Ohnmacht, die sie fest umklammert hielt. Wer könnte mir eine Garantie geben, dass ich selbst, die ich so voller Ängste, Sorgen und Zweifel bin, bei einem eigenen Kind nicht der gleichen Situation gegenüberstehe? Und ähnlich handeln würde wie meine Eltern, weil ich es einfach nicht besser weiß und Angst habe, dass alles noch schlimmer wird, wenn ich etwas anderes versuche?

Als ich unterwegs bin, um für mein Unternehmen Kontakte zu knüpfen, übernachte ich bei einer Bekannten, deren Mann und deren beiden kleinen Söhnen ich noch nie begegnet bin. Beim Abendessen beobachte ich den Älteren, Vierjährigen, der von seinem Vater immer und immer wieder aufgefordert wird, ihm einen Kuss zu geben. Ich sehe den befangenen Gehorsam des Kindes, seine verunsicherten Augen und spüre, dass dieses Kind geschlagen wird. Als die Kinder im Bett sind und es irgendeinen Ankerpunkt gibt, beginne ich, dem Vater von meiner Geschichte zu erzählen, von dem, wie es sich anfühlte, von dem, was es noch immer mit mir macht.

„Das ist schlimm“, antwortet er, „aber du warst ja ein Mädchen. Jungs aber brauchen das. Mein Sohn provoziert mich absichtlich so lange, bis er seine Prügel bekommt“, erklärt er mir. Und er ergänzt: „Ich war schließlich genauso und mir hat es ja auch nicht geschadet.“

„Er provoziert dich?“, frage ich nach.

„Ja, zum Beispiel springt immer weiter auf dem Sofa herum, auch wenn ich ihm mehrfach sage, dass er aufhören soll. Er tut es, weil er ein bockiges Kind ist und mich ärgern will.“

„Und er soll ja nicht herunterfallen und sich an der Tischkante stoßen“, ergänzt meine Bekannte beschwichtigend.

„Hast du schon einmal“, mutmaße ich an den Vater gewandt, „darüber nachgedacht, dass dein Junge einfach nur Spaß beim Hüpfen hat und es nicht versteht, warum er damit aufhören soll?“

Überrascht schaut der Vater mich an, als erinnerte er sich kurz an ein längst verlorenes, eigenes Gefühl, das ihm tatkräftig ausgeredet worden war.

Warum nur tun wir denen das meiste Leid an, die uns allzu nahe sind? Was würden Eltern sagen, wenn ein Fremder so mit ihrem Kind spräche, es anschrie, es schlüge? Würde es nicht jeder fortreißen, umarmen und beschützen?

Wenn du willst, dass deine Kinder frei und stark und glücklich sind, dann gib ihnen den Raum, ihren eigenen Weg zu finden, stärke ihr natürlich freies Selbstgefühl und gib ihnen ein gesundes Rückgrat, nicht zu locker, nicht zu fest, und trage nicht zu ihrem Unglück bei. Dann werden sie vielleicht davonlaufen, weit fort, angefüllt mit Kraft und Energie. Sie werden sich unbeschwert fühlen, absolut sicher in sich selbst. Sie werden voll Vertrauen sein in ihre Fähigkeiten. Auch wenn sie sich nicht in unendlich-bewusster Dankbarkeit umblicken, sondern deine Liebe als das Unanfechtbarste ihres Daseins betrachten, ist dein Lohn ein sonniges, vitales Kind. Doch dem eigenen Kind diese Freiheit zu schenken, erfordert viel Stärke und Selbstbewusstsein.

Wenn du aber deine Kinder brauchst als Unterpfand für deinen eigenen Wert, wenn du willst, dass sie in deiner Nähe sind, an deinen Lippen hängen, wenn du willst, dass sie sich melden, dir voll Ehrfurcht gegenüberstehen, so schlage und demütige sie. Wieder und wieder, bis sie es endlich kapieren!

Nie wird dein Kind dich verraten, nie bloßstellen.

Du bist ihr Ein und Alles, ihre Lebensader, ihr eigener Puls. Sie reden nicht schlecht über dich, wagen keine Kritik und lassen dich stets im allerbesten Licht erstrahlen. Was sonst haben sie denn? Ihr ureigenes Ich haben sie nicht. Sie brauchen dich zum Leben und opfern dir Halt und Sicherheit. Um dich zu heilen, ganz zu machen. Und wieder hast du diesen Staffelstab, dein eigenes Erbstück der nächsten Generation vermacht.

Wie sollte ich mit meiner dünnen Haut das herzzerreißende Schreien und wütende Brüllen eines eigenen Kindes ertragen, wie all seine selbstverständlichen Erwartungen, die an seinen Eltern zerren? Wie sollte ich allen Anforderungen gewachsen sein, diesen Sorgen und Ängsten, wie soll ich ein Nein aushalten, jedes Zucken, jedes Weinen nicht als Vorwurf begreifen? Was in aller Welt sollte mir Zuversicht geben, dass mir das jemals gelingt?

Adrian schaut mich an und schüttelt den Kopf. Lange haben wir uns nun auf den Sofas gegenübergesessen und geredet. Vorsichtig nickend stimme ich ihm zu. Es war ein langer Weg des Haderns, des Zweifelns, ein Widerstreit der Wünsche, der Hoffnung und der Angst. Doch ich weiß, dass ich es nicht schaffen würde, meinen Erwartungen zu entsprechen, weiß, dass meine Kraft nicht reicht und dass es mich quälen würde. Deshalb verabschiede ich dieses Vielleicht. Und so ist es nun entschieden und irgendwann wird es gut sein. Irgendwann. Weil wir wir sind und unseren eigenen Weg gehen, weil wir einander haben und weil es nicht unbedingt alles braucht, was möglich wäre, um glücklich zu sein.
Ich stürze mich weiter in die Arbeit, beginne tausend Projekte, um sie halb fertig liegen zu lassen, weil das nächste mein Interesse fesselt. Monate vergehen. Ich bin auf der Suche nach Sinn, den mir keine Gemeinschaft und kein Glaube geben können, weil mein zweifelnder Geist jede Theorie in Stücke zerreißt, bis nichts mehr übrig ist als das Hier und Jetzt, das Leben an sich und die eine Frage nach dem Warum.

## Beichte

Streng und ländlich war die Gegend, in der wir als wunderbare Familie lebten. Man beobachtete einander mit höchst interessiertem Blick. Man schaute auf uns, auf die väterliche Familie, die mehrere Autoritäten für unser Dorf gestellt hatte. Von allen beäugt, von manchen beneidet, von anderen vielleicht gar bewundert.
Sonntags gab es den obligatorischen Kirchgang in obligatorischer Sonntagskleidung. Regelmäßige Beichte war erwünscht. Ich fürchtete die Beichte. Den ganzen Morgen durchzog mich bittere Übelkeit. Ich zitterte und schwitzte. Ich saß in der Bank und wartete, dass ich an der Reihe wäre, mein Mund war staubtrocken. Mühsam zwang ich meine Gedanken zusammen, ging noch einmal durch, was ich zu beichten hatte. Vor dem Priester spulte ich mein Programm ab. Meine Eltern hatten mir meine Verfehlungen genau eingetrichtert.

*„Ich war eingebildet,*
*überheblich,*
*ich hatte böse Gedanken.*
*Ich habe gelogen."*

In gewisser Weise habe ich sogar geglaubt, was ich sagte. Dennoch habe ich gespürt, dass ich lüge. Und deshalb habe ich meine gelogene Beichte gleich mitgebeichtet.

*Diese Last war ich los.*
*Oder auch nicht.*
*Eigentlich nicht einmal für eine Sekunde.*

Eigentlich mochte ich mich. Ich war dankbar für die Geschenke, die Talente, die ich erhalten hatte. Ist das Arroganz? Ist das mein Vergehen?

Meine Schwester war fünf, als meine Mutter versuchte, ihr das Radfahren beizubringen. Ich war vier und stand daneben. Einige Zeit lang schaute ich zu. Bis ich sagte: „Bitte lass mich mal." Ich stieg auf das Fahrrad und fuhr einfach davon. Was blieb, war kaum ein Gefühl von Stolz. Da war diese Scham. Ich schämte mich ihr gegenüber, dass ich sie so herabsetzte, und ich schämte mich für ihr Unvermögen. Und für diese Gedanken wiederum geißelte ich mich. Es war der Moment, an dem Talent für mich an Leichtigkeit und Reiz einbüßte, war es doch auch Spiegel und Ohrfeige für eines anderen Inkompetenz und zugleich meine Selbsterhebung über ihn. Von nun an verfolgte ich mich selbst in mir, verachtete mich voller Wertschätzung, jagte mich in mir wie ein räudiges Tier, an dessen Fell ich mich schmiegte.

*Halt nie inne, zu betonen,*
*dass dem Menschen dann und wann*
*solch Gedanken innewohnen,*
*die man nicht bekennen kann.*

*Augen, Blicke, die verraten,*
*dass der Mensch von Zeit zu Zeit*
*nutzt beim kleinen Seitenblicke*
*die Gelegenheit zum Neid.*

*Sollt ich, kann ich dies verwehren?*
*Diesen süßen Augenblick?*
*Nimm ihn an, genieß mit Wonne.*
*Gib ihm aber nichts zurück.*

Kein Erfolg hat mir meinen Selbsthass austreiben können, kein Hieb endgültig den Keim meiner Selbstliebe. Nicht meine Hiebe und nicht die meiner Eltern.
Jede kurze Phase von Stolz und Liebe trampele ich schnell und gründlich nieder, nicht nur bodentief, sondern noch tiefer, damit ich nicht so schnell wieder aufstehen kann und der Gestank und der Schmutz jedes mögliche Strahlen überdecken.
Mit neunzehn bekam ich die ersten Spritzen in meinen Nacken. Verspannungen. Vom Sitzen, vom Radfahren, vom Lesen. Vom Schlag-mich-nicht-Schulterhochziehen. Es hat lange gedauert, bis ich sie bemerkte. Permanent hochgezogene Schultern.

*Schlag mich nicht!*
*Und dass ich friere.*

*Ich schüttele mich.*
*Ich hasse mich.*
*So sehr.*

*Und ich liebe mich.*
*Mehr als alles andere.*
*Mehr als jeder andere.*

*Ganz schamvoll*
*Und spärlich.*
*Überhaupt.*
*Und trotzdem.*

## Lästern

*Ich.*
*Mein erster Gedanke.*
*Oft mein einziger.*

Ich kreise viel um meine Person.
Was ich fühle, wie ich mich fühle. Was mir gerade wehtut? Was habe ich falsch gemacht? Wo bin ich angeeckt, wen habe ich beleidigt, vergrämt, wem Vorlage für Hohn und Spott geboten? Was war nicht perfekt, was ist nicht richtig an mir?
Kein sorgloses Kreisen ist es,
dass ich um mich herum vollführe.
Alle Aufmerksamkeit stets nach außen gerichtet,
auf der Suche nach jedem, der über mich richtet,
um wiederum mich danach ausrichten zu können.

Einmal in der Schule, ich kam von der Toilette, sah ich, wie Caren und die anderen Freundinnen miteinander tuschelten. Meine Hände feucht, mein Magen umgedreht, versuchte ich es scherzhaft: „Lästert ihr gerade über mich?“ Lang gedehntes i, eine abwehrende Antwort folgte, die ich nicht glaubte, nicht glauben konnte.
Erst meine Unsicherheit war Anlass für entnervte Lästereien. Selbst schuld! Bis heute schäme ich mich meiner Sorgen, die mir durch diese Scham bis heute geblieben sind.

*Schuld, Scham, Angst.*
*Immer wieder Angst.*
*Nicht zu genügen.*
*Nichts, niemand zu sein.*

## Gesehen?

So voller Zweifel und Ängste bin ich, dass ich das freundliche Wort kaum erkenne, auch wenn es mir fast in die Nase beißt. Ich konnte kaum glauben, dass ich zum Schulabschluss zur Jahrgangsprominenz gewählt worden bin, doch in der Abizeitung stand es schwarz auf weiß. Jahrelang hatte ich gedacht, dass mich niemand bemerkt hat. In jedem Fall nicht positiv. Die Smarteste des ganzen Jahrgangs und besonders gut gekleidet? Ich?

Als ich begann, mir meine Klamotten selbst auszusuchen, sagte meine Mutter einmal zu mir, dass ich herumliefe wie ein Papagei. Dass es ihr schon peinlich sei, so mit mir im Wald spazieren zu gehen. Puterrot verschämt zog ich mich um, versuchte, es ihr recht zu machen, derjenigen, die für sich selbst stets zum grauen Kostüm griff.

Ganz war mir die Freude an Farben, Formen und Mustern nicht verdorben, doch von nun an wählte ich mit Bedacht. Bei meiner Kleidung tat ich es meiner Erwartung an mein Wesen gleich: Ich wollte nicht auf den ersten Blick hervorstechen, aber wenn man mich bemerkte, mich sah, so erwartete ich von mir eine Ausstrahlung von Perfektion und Besonderheit. Bei allem was ich tat, glich ich meine Anforderungen ab, mit denen, die die anderen an mich haben könnten, mit denen, die ich gelernt hatte von meiner Mutter.

In jedem Spiegel, der mir begegnet, starte ich heute noch meine Forschungsreise. Meinen Abgleich von Erwartungen und Realität, von Wunsch und Verpflichtung. Spiegel, immer wieder dieser Widerschein des Außen, irgendwo zwischen Balsam und Kontrolle. Wo liegt der Unterschied zwischen Arroganz und Unsicherheit? Was ist meine Wahrheit, was die deine? Und was ist wirklich wahr?

*Gut gekleidet. Ich?*

Sieh dich um. Schau hin, welche Pakete die Menschen mit sich schleppen. Triggerpakete, Koffer voller alter Lasten. Der Last von Generationen. Sie können sie nicht tragen. Sie müssten sie nicht tragen. Sie tragen sie. Bis sie sie weitergeben. Irgendjemandem, dem Nächsten, dem Kind. Einige tragen ihre Koffer ihr Leben lang.

Nur wenige werden ihre Koffer abstellen. Irgendwo beiseite. Irgendwann. Und sich befreien.
Von Erinnerung.
Von irgendjemandem.
Von etwas.

## Rosa

Ida hatte mir schon oft erzählt, dass sie sich morgens auf die Arbeit freut. Sie, die Gute, war erfolgreich und geschätzt in ihrem sozialen Beruf, ging ganz darin auf, fand dort Erfüllung und Halt. Felix verfolgte unbeirrbar seinen geplanten Weg und schenkte seinem Arbeitgeber Engagement, Talent und Fleiß, was dieser ihm in jeder Hinsicht dankte. Ich kannte beides nicht. Ein fester Job fühlte sich an wie eine Gefangenschaft in engen Ketten, egal wie interessant es inhaltlich war, ich freute mich nie darauf, dorthin zu fahren.
Wie sehr hoffte ich nun, es würde klappen mit meiner Selbstständigkeit, die mir Freiheit geben würde, all meinen Träumen nachzugehen? Auch wenn ich während meiner Karriere als Angestellte stets viel gearbeitet hatte, nie hängte ich mich so in

eine Aufgabe wie jetzt in meine eigene. Ökologisch, fair und für Kinder sollte es sein, das hatte ich mir vorgenommen.

In unserer kleinen Stadt gab es damals ein Spielwarengeschäft, in dem ein Regal stand voller rosa Kleinigkeiten mit süßen Figuren darauf: Blöcke, Stifte, Radiergummis, Heftchen, Aufkleber. Wie oft habe ich als Kind davorgestanden, wie oft meinen Eltern in den Ohren gelegen, mir etwas davon zu kaufen. Doch immer zogen sie mich fort. Nach einigen Jahren sagte meine Mutter: „Wir beide gehen heute mal alleine in die Stadt und bummeln ein bisschen." Das Herz schlug mir bis zum Hals, vor Aufregung, Freude und Angst. Ich hatte keine Ahnung, wie ich mich verhalten sollte. Dann steuerte sie auf das Geschäft zu. „Such dir irgendetwas aus", forderte sie mich lächelnd auf. Minutenlang stand ich vor diesen lang so unerreichten kleinen Wundern. Ich konnte mich nicht entscheiden. Ich versuchte, ihren Blick zu erhaschen, herauszufinden, was sie für das Richtige hielt. Ich spürte, wie meine Mutter ungeduldig wurde. Ich wagte nicht, eines der lang verwehrten rosa Produkte zu wählen, sondern griff nach einem beliebigen billigen Stiftetui, das danebenlag. War sie mit meiner Wahl zufrieden?
Wir gingen zur Kasse. Das Mäppchen brannte in meiner Hand. Ich hasste mich für meine Mutlosigkeit, ich hasste dieses Ding, das so schnell schäbig wurde, das ich dennoch behielt wie einen Schatz, bis es endgültig auseinanderfiel.

Und heute gestalte ich Produkte für Kinder und schreibe Geschichten für sie. Meine Ansprüche an meine Ideen und die Qualität sind so hoch, dass es mich viel Geld kostet, sie zu verwirklichen.
„Was behalten Sie selbst für sich und Ihre Arbeit von einem

verkauften Stück?", fragt mich eine Dame auf einer Messe, auf der ich meine Waren anbiete.
„Nichts", druckse ich herum, „die Produktion ist so teuer, da kann ich mich nicht auch noch einkalkulieren."
„Dann", sagt sie eindringlich, „dann ist Ihr Unternehmen nicht fair."
Es ist mir egal. Auch dass Adrian mir wiederholt sagt, ich gäbe mir und meiner Arbeit keinen Wert. Ich schüttele den Kopf. „Schau dir die leuchtenden Kinderaugen an", entgegne ich, als ich von einem Kindergartenfest, für das ich ein Geschenkpaket gespendet habe, ein Foto erhalte. „Das ist es wert." Es ist mir egal, wie hoch der Preis ist, den ich für meine Träume, für meine Unabhängigkeit und Freiheit zahle. Ich würde alles geben für einen Sinn und das Gefühl, endlich gut zu sein. Und so renne ich blindlings weiter.

## Gewitterwolken

Auf die Minute genau wussten wir, wann unser Vater mittags nach Hause kam. Täglich die gleiche Minute. Wir rannten vor bis zur nächsten Straßenecke, ab und zu, und wenn er dann kam, nahm er eine von uns auf den Schoß und fuhr ganz langsam weiter. Wir durften lenken. Es war großartig.
Stand das Essen allerdings nicht auf dem Tisch, wenn er kam, wurde er laut. Das Gewitter zog auf und es donnerte. Sein Blick konnte alles vernichten.
Danach zog er sich um, immer zur gleichen Minute, machte ein kurzes Mittagsschläfchen. Wir waren leise, auf Zehenspitzen liefen wir durchs Haus und sagten keinen Ton. Bis er sich wieder in seinen Anzug warf und zurück zur Arbeit ging. Vierzig

Jahre lang, jeden Tag. Einer der frühesten Sätze, an die ich mich aus seinem Munde erinnere, ist, dass er sich auf die Rente freut. Er trug so schwer an sich und seinem Leben und nichts half ihm heraus aus seinem Hamsterrad. Vielleicht ging es ihm wie mir und die Ketten der Fremdbestimmung, einer vorgesetzten Autorität wogen auch für ihn zu schwer? Quälte er sich über Jahrzehnte dorthin, weil er Verantwortung für uns trug? Verlangte jeder Arbeitstag ihm alles ab, war jeder Nerv aufs Äußerste gespannt, bis sich ein Schwall aggressiver Verzweiflung über uns entlud?

Was hätte er anfangen wollen mit seinem Leben, wenn er sich frei entschieden hätte? Was hätte ihn echt interessiert, ihn glücklich gemacht? Was hätte ihn sich selbst spüren lassen, ganz ohne den Druck, funktionieren zu müssen? Immer schon schien er zu fühlen, dass der Ruhestand seine große Chance war, in der er sich einrichten durfte, frei von den Erwartungen dieser grotesken Welt, die man Alltag nennt. Frei von allen Spannungen, die das Leben Tag für Tag mit sich bringt, für jeden Menschen, der nicht alltäglich ist.

Als wir noch klein waren, hatten wir zunächst nur ein Auto. Dann holten wir ihn manchmal mit unserer Mutter abends vom Büro ab und warteten auf ihn. Halbe Ewigkeiten standen wir manchmal dort auf der Straße, vor der Tür des Unternehmens, dessen Finanzvorstand er war, und er kam nicht. Es würde Probleme, es würde Ärger gegeben haben. Unseres Vaters Stimmung würde nicht gut sein, das wurde uns mit jeder Minute mehr gewiss.

Wir fürchteten uns. Unsere Mutter ängstigte sich vor dem drohenden Ingrimm genau wie wir. Doch das wussten wir damals noch nicht. Vielleicht hätte es uns geholfen? Vielleicht hätten wir uns nicht so einsam gefühlt in unserer Angst, wenn unsere Mutter ihre Gefühle mit uns geteilt hätte? Vielleicht hätten wir sie als echter, als authentischer erlebt, hätten sie wahrhaft gespürt? Vielleicht hätten wir eine Ahnung von der Richtigkeit unserer Empfindungen bekommen? Vielleicht hätten wir zu unterscheiden gelernt, woran wir Schuld tragen und woran wir unbeteiligt sind? Vielleicht hätten wir uns einen Umgang aneignen können mit Panik, die sich noch immer durch jede Fuge schleicht?

## Uneinigkeit

Ständig stritten unsere Eltern, nur selten waren sie sich einig. Eltern ohne Plan. Ehe ohne Einklang.

Ida verstand es schon früh, die Spaltung der Eltern für sich zu nutzen. Sie spielte die beiden gegeneinander aus. Wenn das herauskam, tobten sie. Gegeneinander und gegen sie.

Sie war doch nur ein Kind! Sie testete die Grenzen, sie suchte einen möglichen Vorteil für sich. Herausfordernd und laut sprang sie den beiden vor die Nase, als wolle sie sagen: „Ta-ta, hier bin ich!" Wie oft hörte ich später von Vater und Mutter, sie habe regelrecht um Schläge gebeten. Sie wurde verprügelt, geschlagen, misshandelt. Mehr als ich. Vielleicht hat sie Recht, vielleicht war es bei ihr jeden Tag.

Unerträglich waren das endlose Geschrei, das Zischeln und die knallenden Türen. Meine Eltern haben sich bekämpft. Kein Kuss, kein liebevoller Blick, keine sanfte Berührung. Wie zwei Fremde, wie zwei Feinde. Sie fanden keine warmherzigen, respektvollen Worte füreinander.

Warum seid ihr zusammen?

Was liebt ihr aneinander?

Wo ist eure Nachsicht, Rücksicht, Achtung?

Wenn das eure Liebe füreinander ist, was durften Ida und ich dann schon für uns erwarten? Was dürfen wir erwarten von der kommenden Generation, wenn sie es genauso wenig lernt und spürt wie wir?

*Liebe deinen Nächsten wie dich selbst.*
*„Wie dich selbst", ist hier das Problem, das sich aus jeder Familie hinaus in die Gesellschaft dehnt?*

Wie anders ist doch dieser Glücksfall von Ehe, die ich mit Adrian führen darf. Wie oft schon haben wir uns in den letzten Jahren wieder und wieder lächelnd einen symbolischen Heiratsantrag gemacht und uns morgens als Erstes oder abends zur Nacht unsere Liebe versichert. Wir sagen einander, was wir am anderen lieben, bewundern und schätzen, aber auch, mit achtungsvoller Rücksicht, was uns aneinander stört. Wir bleiben immer im Dialog, wachsen miteinander und geben einander Raum. Und auch in Distanz berühren sich immer die Spitzen unserer kleinen Finger, um immer sicher zu wissen, der andere ist da.
Als Lotta kleiner war, fand sie es ekelig, wenn wir uns vor ihren Augen umarmten, einen Kuss gaben. „Bäh, knutschen", schüttelte sie sich dann. Doch heute beweisen ihre Unbefangenheit und Sicherheit, die sie in ihren ersten Beziehungen zeigt, dass sie eine genaue Vorstellung hat, wie sich Liebe für sie anfühlen soll.
Adrian wuchs auf mit der Vision eines souveränen Buben und Mannes, der immer stark ist und nie eine Schwäche empfinden darf oder zeigt. Als ich ihn kennenlernte, versteckte sich dieser feinsinnige Mann hinter großspurigen Posen. Ich weiß nicht, was mich sehen ließ, wer er hinter dieser Fassade war. Und woher ich, mich gar ein wenig amüsierend, die unbewusste Sicher-

heit nahm, dass er sich irgendwann immer mehr zeigen und einlassen würde. In den Jahren, in denen wir keinen Kontakt hatten, lernte er auf verschlungenen Wegen und mit beeindruckendem Mut den Kontakt zu sich selber kennen. „Lasse dich nie auf einem Mann ein, der nicht therapiert ist", lacht er heute manchmal. „Wer ist schon jemals fertig", zwinkere ich dann. Und miteinander lachen wir in Erinnerung an sein damaliges Gehabe.
Wie oft haben wir früher als Kinder sorglos mit unseren Eltern gelacht? Wie oft uns berührt mit der Vertrautheit einer Familie? Heimlich hatten Ida und ich gehofft, dass sie ohne die fortwährenden gegenseitigen Sticheleien, Unterstellungen und Missverständnisse jeder für sich und in sich ihren Frieden finden und wir gleich mit. Wie oft haben wir uns gewünscht, dass unsere Eltern sich trennen, scheiden lassen.
Wir litten im Stillen, weil bei uns die scheinbare Hülle nicht aufgebrochen war. Wer bedauerte uns, deren Eltern sich anschreien, anschweigen, bekämpfen, so wie all die Scheidungskinder, über die ständig gesprochen wurde und die wir so heftig beneideten? Wo war unsere Lobby, die Lobby für gedemütigte, geschlagene, zermahlene Kinder?

*Wir Kinder glaubten unseren Eltern nichts.*
*Wir vertrauten nicht.*
*Wir waren nie sicher.*
*Nichts wünschten wir uns mehr als Ruhe, Frieden.*
*Frieden. Gewünscht, aber nicht gefunden.*
*Immer noch Hoffnung.*
*Hoffnung ist zäh.*
*Hoffnung bleibt.*

Stiehl mir die Bilder aus meinem Kopf, diese Erinnerungen, die in jede Faser meines Körpers, meiner Seele, meines Schädels eingefressen sind. Entreiß sie mir und wirf sie fort! Ich will sie nicht mehr. Sie hasten durch meine Gedanken, ich kann sie nicht halten, sie fliegen durch jede Ritze, durch verschlossene Fenster, sie sind immer da.

*Erinnerungen.*
*Will ich sie wirklich nicht?*
*Manche sind so schön, so warm, so gut.*
*Kann ich nicht nur die behalten?*

## Das Kaninchen

Am Wochenende gingen wir hin und wieder zusammen einkaufen, Vater, Mutter und anfangs nur zwei Töchter. Dann fuhren wir zu einem riesigen Laden, in dem es neben Nahrungsmitteln und Elektronik auch Bekleidung, vor allem aber Spielzeug gab. Fröhlich und neugierig liefen wir herum und bestaunten alles in diesem Schlaraffenland.
Eines Tages, ich war etwa fünf Jahre alt, entdeckte ich ein Kaninchen, das so groß war wie ein echtes. Da kauerte es, ganz allein und versteckt und lugte schüchtern zwischen all den bunten Spielsachen hervor. Es hatte flaumiges, zartes Fell, hell, fast wie Aprikoseneis. Seine glasigen, braunen Augen schimmerten sanft. Vorsichtig fuhr ich mit meinem kleinen Zeigefinger über die langen Ohren, die an den Seiten des süßen Gesichts herunterschlappten. Es war so wunderbar weich.
Verzückt rannte ich zu meinen Eltern, um es ihnen zu zeigen, um sie zu überreden, es mir zu kaufen. Sie gingen mit mir dorthin, schauten darauf, ohne ein Wort zu erwidern. Kaum wagte

ich, es herauszuheben, da wurde meinem sehnlichen Bitten schon mit einem Kopfschütteln entgegnet.
Betrübt trottete ich neben meinen Eltern her, weiter durch die Gänge, während Ida noch immer unbekümmert umhersprang. Und abends ging ich bedrückt in mein Zimmer, früher als gewöhnlich, flügellahm und traurig.
Alles schien grauer und anders als sonst. Sogar mein Bett sah auf irgendeine Weise verändert aus. Das Kissen so hoch, so schief, so hart. Verwirrt und erbost riss ich es zur Seite.

*Das Kaninchen!*
*Es wohnte nun unter meinem Kissen!*

Tränen schossen in meine Augen, als ich das Stofftier heftig in meine Arme schloss. Ich jauchzte vor Glück und rief laut nach meinen Eltern. Doch sie standen schon heimlich vor der angelehnten Tür und beobachteten zufrieden die Szene. In dieser Nacht träumte ich, dass meine Eltern zaubern könnten und dass nun alles gut würde.

## Verantwortung

Doch es wurde nicht gut.
Manchmal prangten stundenlang weiße Streifen auf unserer Wange. Die Hand hatte so fest zugeschlagen, dass das Fleisch zwischen den Fingern blutleer gequetscht wurde. Manchmal taten sie es alleine, ab und an schlugen beide gemeinsam auf uns ein. Und immer wieder waren wir zufällig dabei und mussten zusehen, wie die andere drangsaliert wurde. Wir wagten dann nicht, uns zu bewegen.

*Atemstillstand.*
*Ersehnte Unsichtbarkeit.*
*Hilflose Übelkeit.*
*Panische Ohnmacht.*

Unausgesprochen lag es in unserer Verantwortung, uns so zu schützen, dass es keine lang sichtbaren Zeichen dieser Szenen gab. Wir wollten nicht danach gefragt werden, wir wollten nicht antworten müssen. Nie wurde uns das Schweigen verordnet, wir taten es automatisch und mit größter Akribie. Keinesfalls wollten wir das Bild der Familie zerstören. Schließlich war es unser eigenes, wertvolles Bild von uns.

*Das ist unsere Familie.*
*Eine andere haben wir nicht.*
*Wir wollten nur ihr Bestes und*
*taten uns nichts Gutes damit.*

## Der Nachzügler

Und dann war da mit einem Mal der kleine Nachzügler. Nach zehn Jahren noch ein Kind. Von Anfang an schien es so gewollt, so ersehnt. Dieses reizende Kind, so klein, so süß, so unantastbar.
Bevor Felix da war, waren wir alle gleich. Nun aber wollten unsere Eltern alles anders, alles richtig machen. Felix bekam seine eigenen Eltern, die ihm jeden Wunsch von den Augen ablasen, die ihn in unserer Wahrnehmung nie mit Gewalt anrührten, kaum zu kritisieren wagten. Womöglich hatte es über die Jahre genug Gelegenheit für Einsicht gegeben oder waren die Eltern

mit dem Alter gelassener geworden? Gaben unsere Eltern sich selbst eine neue Chance, um einmal und hier die Eltern zu sein, die sie nun sein wollten? Oder ist es einfach wie in so vielen anderen Familien, bei denen das spätere, dritte Kind einen Sonderstatus genießt und die älteren beiden für alles die Sündenböcke sind, weil bei ihnen sowieso schon alles egal ist?
Mit seinen blitzblauen Augen und den goldblonden Löckchen strahlte der kleine Felix von Anfang an die Sicherheit eines geliebten Kindes aus. Fröhlich lachte er alles hinweg.
Radikal war der Bruch, von einem Extrem ins andere schwappte alles über und verlor auch hier das Gleichgewicht. Nach und nach kristallisierte sich heraus, dass jedes ausgeschöpfte Maß, jede Übertreibung, in welche Richtung auch immer, nicht zum ersehnten Einklang führt. Sobald er die ersten Sätze sprach, gab er Befehle. Kein Protest war gestattet. Seine Eltern waren ständig bemüht, auch wir waren dazu angehalten, ihm seine Wünsche zu erfüllen oder bereits im Voraus zu erahnen. Unbestreitbar regierte der Kleinste uns, seine Eltern, seine älteren Geschwister. Er maßregelte uns alle mit zusammengekniffenen Augen: „Warum hast du das gesagt? Warum hast du das getan?“, zischte schon der Vierjährige durch seinen verkniffenen Mund, während er pikiert seinen Kopf mühsam gezügelt hin und her schüttelte. Bei jeder seiner respektlosen und teilweise mit Schimpfworten gespickten Anweisungen trabte seine, uns so fremde Mutter los und stieß fast mit seinem, uns so fremden Vater zusammen, der ebenfalls aufgesprungen war, um den Wunsch des Jüngsten zu erfüllen. Ida und ich waren fassungslos bei diesen Szenen. Wie konnte er ungestraft so mit ihnen reden, wie wir nicht mal zu denken wagten, und wieso gehorchten sie ihm?
Gleichzeitig aber wurden wir weiter geschlagen und erniedrigt. Für Ida und mich machte es alles noch schlimmer.

Plötzlich erlebten wir, dass unsere Eltern auch anders sein konnten, dass nur wir es aber nicht wert waren, nicht verdienten. Wofür wir geprügelt wurden, wurde er belächelt. Wofür wir beschimpft wurden, wurde er gelobt.

Er will es nicht sehen, er darf es auch nicht. Zu groß die Gefahr, dass in ihm alles zusammenbricht. Wie, frage ich mich, könnte er es auch ertragen?

Er lebte in der Ersten Welt und wir in der Dritten. Ihm schien dies naturgemäß und sein gutes Recht, eine Selbstverständlichkeit, die keiner Dankbarkeit bedarf. Wie könnte er es auch anders sehen, anders begreifen, dort in seiner fernen Welt, die aus unserer Sicht nur streichelnde Elternhände kennt?

Felix, der Glückliche, schien sich seines Werts immer bewusst. Auf ganz natürliche Weise. Alles fügt sich so, wie er es plant und will. Woher dieses Selbstvertrauen kommt, fragt heute keiner. Heute gelten nur sein Wille und sein Fleiß als Basis seines Erfolges und des geraden Weges, den er gegangen ist. Nein, ich missgönne ihm seine offenbar so mühelose Sicherheit nicht, aber, ja, wie gerne hätte ich sie auch. So verstehe ich seine Sicht auf die Vergangenheit und Gegenwart, so sehr, wie sie mich quält. Und ich wünsche ihm nur das Beste, in seiner fernen, fremden Welt.

## Zeltlager

In dem Dorf, in dem wir wohnten, wurde alljährlich eine Zeltlagerreise für Kinder und Jugendliche veranstaltet. Kurz nach Felix' Geburt zwangen mich meine Eltern erstmalig dorthin. Ich fühlte mich abgeschoben, wollte zu Hause bleiben, meinen Platz verteidigen. Ich hatte wenig Kontakte zu anderen Kindern

im Dorf und große Bedenken, fast Panik vor diesen zehn langen Tagen.
Ida aber freute sich sehr, sie war längst Teil einer großen Clique. Ich aber war dort so fremd, ich lachte nicht über die Dinge, über die die anderen lachten, fühlte mich in dem gemeinschaftlichen Schlafraum bedrängt, konnte nicht schlafen wegen der unzähligen Geräusche und Gerüche. Zwischen den vielen Menschen war ich einsam, hatte Heimweh nach meinem Zimmer daheim, vermisste meinen eigenen Takt und weinte viel. Zu schwer fiel es mir, mich ein-, mich unterzuordnen. In mir rebellierte es.
Dreimal wurde ich in dieses Zeltlager verbannt, eine furchtbare Zeit. Ich fühlte mich von meinen Eltern ausgestoßen, missverstanden, bestraft. Viel lieber hätte ich dafür Hausarrest bekommen, mich nur mit Büchern als meinen Gefährten umgeben als mit all diesen fremden Kindern, die Spiele machten, die ich nicht lustig fand und mich peinlich berührten. Und wieder war da ein Beweis, dass ich anders, nicht gut und nicht richtig war.
Felix war auch einmal dort. Als er bitterlich in den Hörer weinte, war sein Vater nicht da und das zweite Auto kaputt. Und so stieg seine Mutter sogleich auf ihr Fahrrad. Ich begleitete sie, und wir fuhren an einem Tag weit mehr als hundert Kilometer, um ihn eine Stunde zu trösten, und kehrten tief in der Nacht zurück.

## Der Schutzraum

Als Felix in den Kindergarten kam, ich war gerade voller Selbstekel in die Pubertät gekommen, begann meine Mutter wieder zu arbeiten. Ich wütete, hinterfragte, wollte es verhindern. Zu einem Einspruch hatte ich jedoch keine Befugnis. Ich sorgte mich darum, all die Dinge zu verlieren, die ich nie besaß. Ich fürchtete mich vor weniger Aufmerksamkeit, weniger Zuwendung, weniger Zuneigung.

*Wie eng meine Sicht doch war.*
*Ist man klein, sind die eigenen Eltern die Welt.*
*Sie sind alles, tun alles.*
*Kein Zweifel angebracht.*
*Kein Zweifel nötig.*
*Kein Zweifel möglich.*

Je weniger man hat, desto mehr kann man verlieren. Doch ich verlor nichts. Unsere Mutter, die nun arbeitete, gerne arbeitete, die sich früher vielleicht heimlich Karriere statt Kind gewünscht hatte, erarbeitete sich eine kleine Flucht aus ihrem Leben, einem Leben wie dem ihrer eigenen Mutter.
Meine Mutter wurde gelassener, zufriedener, sie verlor einen Teil ihres Zorns zwischen der Sicherheit der Akten, in die sie sich vergrub mit einer Begeisterung, wie ich sie noch nie bei ihr gesehen hatte. Es gab von nun an einen Gegenpol, ein Gegengewicht, eine bessere Balance. Ihr Büro war ein Schutzraum, der nur ihr gehörte.

## Lesen!

Mein Schutzraum waren die Bücher und sie sind es noch heute. In den Büchern war ich stiller Beobachter, meine Gedanken wurden nie gewertet, nie verurteilt, waren nie zu viel, nie zu wenig, niemals war ich zu schnell oder zu langsam, nie fiel ich auf, nie aus dem Rahmen. Die einzelnen Worte all dieser vergilbten Seiten waren mein vorwurfsloser Hort. So war ich meist in der von mir selbst gewählten Einsamkeit und verkroch mich in meine Fantasie. Die Geschichten machten mir Mut. Mit gestärktem Bewusstsein zurück in der Realität versuchte ich dann aus meinem eigenen Schatten herauszutreten. Doch immer, wenn ich versuchte, so zu sein, wie ich mich fühlte, besonders und eigen, wurde ich höhnisch verlacht. So übte ich mich weiter darin, nicht herauszuragen, fast unsichtbar und möglichst pflegeleicht zu sein.

Falls meine Mutter je den Wunsch gehabt hat, gebraucht zu werden, habe ich dieses Bedürfnis nicht befriedigt. Alles, was in der Schule gefordert wurde, erledigte ich allein. Ich war die Einzige der Klasse, die nie mit einem Rechenbrett addierte, sondern von Anfang an im Kopf. Ich aber fühlte mich genauso schlau wie dumm, weil ich bis heute nicht verstehe, wie das mit den bunten Kügelchen funktionieren soll. Woran ich mich sonst aus meiner Grundschulzeit erinnere, sind der Gestank des Matrizenpapiers und die wiederholte Antwort meiner Lehrerin auf meine drängenden Fragen über die Existenz eines Gottes, über das Leben und die Welt. „Das tut mir leid, mein Kind, da bin ich vollkommen überfragt", antwortete sie dann kopfschüttelnd. Ich staunte entsetzt über ihre Dummheit und ihre fehlende Neugier. Wie gerne wollte ich doch alles wissen!

Ich liebte das Lesen. So intensiv, dass mein Vater sich leise die Treppe heraufschlich, um zu prüfen, ob ich schlief. Oder wieder einmal las bis tief in die Nacht.

Wenn ich die Stufen unter seinen Schritten knarren hörte, knipste ich die Lampe schnell aus. Später ging er dazu über, die Wärme der Glühbirne in der Nachttischlampe zu prüfen. Wenn er sich verbrannte, gab es Ärger. Er verbrannte sich oft.

*Dann schlief ich nicht.*
*Und las trotzdem.*
*Weil ich es liebte,*
*weil ich es brauchte,*
*weil es mir nicht schadete,*
*weil es mir half.*

Das ständige Trappeln meiner Gedanken im Kopf missgönnt mir auch heute noch den Schlaf. Ich liege in meinem Bett und lösche das Licht erst, wenn ich einen bestimmten Zustand bleiernster Müdigkeit erreicht habe. Dann genau ist die Sekunde, in der ich das Buch beiseitelege und mich sanft, ohne meine dauerkreisenden Gedanken wieder zu wecken, in mein Kissen bette. Diesen einen Moment muss ich finden. Wenn ich ihn verpasse, geht die Prozedur von vorne los.

Seit meine Versuche, mein Unternehmen zum Laufen zu bringen, immer verzweifelter werden, schlafe ich schlechter und schlechter. Aufzugeben, daran denke ich noch nicht. Nicht nach fast drei Jahren. Zu groß ist mein Ziel, der Wunsch, etwas Gutes zu bewirken und damit das Böse in mir auszuradieren, das Dunkel meiner Seele aufzuhellen, einen Sinn zu erfüllen. Manche Nacht wache ich wieder auf. Ich gehe zum Fenster, schließe es, die Augenlider nur halb gehoben. Gehe ins Bad, lasse dort aber das Licht aus und krabbele dann tastend zurück ins Bett. Ich versuche, nur den Rhythmus meines Atems in meine Gedanken zu lassen. Doch da sind diese alten Erinnerungen, diese neuen Sorgen. Gnadenlos drängen sie sich in meine Atemzüge hinein. Adrian bemerkt meine Unruhe, robbt kurz zu mir herüber und küsst mich sanft. „Es wird alles gut, mein Schatz“, flüstert er mir zu.

## Reden!

Neben allem hatte ich auch unfassbares Glück. Stets begegneten mir Menschen, die mich eine Weile lang begleiteten, die mir zuhörten, wenn ich sprach. Zwei Freundinnen, erst Tilda, dann Caren, ließ ich nah an mich heran. Sie hatten ein offenes Ohr. Ich brauchte sie. Und ich redete. In diesem geschützten Raum redete ich und verheimlichte nichts.

*Ich sprach über das, was dort geschah,*
*in dem Haus, in dem ich wohnte.*
*In dem Haus, in dem meine Eltern wohnten.*
*In dem Haus, das mein Zuhause war.*

Ich sprach aus, was mich quälte, wovor ich brennende Furcht in mir spürte. Könnte es wahr sein? Kann man es sehen? Kann man es spüren? Kann ich meine Bosheit verbergen? Werde ich je gut sein? Vielleicht bildete ich mir alles Gute, was ich von mir dachte, vorsätzlich und berechnend nur ein, weil ich so gerne gut sein wollte? Vielleicht verdrängte ich, dass ich jedem nur Böses wünschte, selber böse war?
Ich redete. Das Reden erleichterte meine Seele, auch wenn es sie nicht völlig von Schatten befreite. Tilda und Caren waren mein Spiegel. Durch sie konnte ich mir in die Augen schauen und einen Moment lang wissen, dass es nicht das Böse war, was man darin sah.

*Das verraten mir keine Spiegel an der Wand.*
*Sie täuschen, betrügen,*
*Sie lassen dich finden, wonach du suchst:*
*Erst Pusteln, irgendwann Falten, doch immer das Böse in dir.*

*Spieglein, Spieglein,*
*siehst du das Böse in meinem Auge?*
*Die Niedertracht?*
*Die Berechnung?*

*So ließ ich mich spiegeln und bekam Antworten.*
*Wahr oder nicht, sie taten so wohl.*

*Was ist Wahrheit?*
*Gibt es die überhaupt?*
*Eine für alle?*
*Oder hat nur jeder Mensch seine eigene Wahrheit?*

Das Unfassbare wurde für mich greifbarer, durch die Ungläubigkeit, die ich in ihren Gesichtern las. Das Reden darüber ließ es weniger dunkel sein und ich war nicht so allein in dieser Welt, da draußen, in der alle nur meine Hülle sahen. Diese Gespräche waren so unendlich wertvoll. Sie rückten mein Weltbild zurecht und erhielten mir ein Leben.

So wurde mir stets ein Mensch an die Seite gestellt, der mich begleitet, beschützt und immer wieder ein wenig gerettet hat. Es gibt keine Zufälle. Es gibt Glücksfälle. Dankbar denke ich daran, dass sie, erst Tilda, dann so lange Caren, immer ein offenes Ohr für mich hatten und mir immer wieder versicherten, dass ich nicht so war, wie meine Mutter, meine Eltern es mir einzutrichtern versuchten. Melancholisch erinnere ich mich daran, wie ernsthaft unsere Gespräche waren, und daran, wie wir unsere Kindheit und Jugend verpassten, während wir so viel redeten und so wenig lebten.

## Drohungen

„Ich habe es leichter als du", sagte Caren damals. „Ich darf nie etwas." Und setzte ironisch hinzu: „Aber darauf kann ich mich wenigstens verlassen."

Mal durften wir alles, mal durften wir nichts. Immer waren Ida und ich auf der Hut. Unser Dasein war ausgefüllt von Inkonsequenz, Wankelmut, Launenhaftigkeit. Unser Halt war die bewährte Sicherheit, dass sich jeder Sturm auch wieder legen würde. So bin ich zugleich Optimist wie Pessimist. Es gibt immer die Zeit zwischen den Gewittern, die Wochen zwischen den harten Wintern, die Stunden zwischen den dunklen Nächten. Dann wieder bin ich ein maßloser Feigling. Weil ich nie sicher bin, wann der Boden unter meinen Füßen verschwindet, traue ich mich selten weit hinaus.

Als ich den ersten Wein probieren durfte, nippen durfte an einem Rosé, sagte ich: „Mmh, lecker." Und fragte nach etwas mehr. „Du wirst Alkoholikerin", drohten meine Eltern mir gleich, „du hast die Anlagen dazu." Keine Erklärung, nur dieser Stempel, das nächste Brandmal auf meiner Haut.

Bis heute habe ich mich nicht betrunken. Ich habe nie einen Zug an einer Zigarette genommen. Drogen habe ich nie gesehen. Dauerhaft widersetze ich mich dieser Veranlagung zur Sucht. Ist es natürliche Disziplin oder das Resultat der Unterstellung, ich sei eine verkappte Süchtige? Ich versuche gar nicht, mich so weit zu entspannen, dass ich die Wahrheit erkennen könnte.

*Ich traue mich nicht.*
*Ich traue mir nicht.*

## Amerika

Im letzten Sommer meiner Schulzeit verbrachte ich die Ferien am Zapfhahn, hinter der Theke eines kleinen Hotels in der Stadt. In den sechs Wochen musste ich arbeiten, um bei meinen Eltern meine Schulden für ein Rückflugticket abzuzahlen.
Hinter mir lag eine Amerikareise, die ich im Frühling als Begleitung der Eltern einer guten Bekannten aus dem Chor hatte antreten dürfen. Die Tochter war für ein Jahr als Au-pair an die Ostküste gegangen und ich wollte sie besuchen. Dass ihre Eltern in einer Ehekrise steckten und sich während der endlosen Autofahrt die Küste entlang anschrien, während ich im Fond des Wagens saß, dass ich meine Freundin in den geplanten drei Wochen nur zwei Tage zu Gesicht bekommen sollte, dass ich für zehn Cent, die ich mir von ihnen für eine Packung Taschentücher geliehen hatte, weil ich meine Handtasche mit Geld und Tüchern im Hotel vergessen hatte, angefeindet wurde, vergällte mir jede Freude an dieser Reise. Ich rief bei meinen Eltern an. Doch sie bezweifelten meinen Bericht, erinnerten sich an mein in ihren Augen kindisches Heimweh des Zeltlagers. „Stell dich nicht so an. Das wird schon an dir liegen, dass sie dich beschimpfen“, erklärten sie. Danach herrschte Stille. Wieder und wieder versuchte ich, sie zu kontaktieren. Doch jedes Mal sagte eine fremde Stimme am Ende des Hörers, dass meine Eltern die Annahme meines Anrufs verweigert hätten.
Nach zwei Wochen war ich am Ende meiner Nerven. Als die Reiseroute an New York vorbeiführte, ließ ich mich am Flughafen absetzen. Ich stand mit meinen schweren Koffern und ohne Ticket auf dem Parkplatz, als das Ehepaar wortlos weiterfuhr. Der nächste Flieger ging zehn Stunden später. Bittend sprach ich mit der Bank, konnte dann mein Konto überziehen, um das Ticket zu bezahlen. Nach einer langen Odyssee erreichte ich

zwei Tage später erschöpft mein Elternhaus. Ich wurde nicht begrüßt, nur hereingelassen. Ich legte mich in mein Bett, verzagt und vom Jetlag betäubt und schlief sofort ein.
Wie in Trance nahm ich plötzlich wahr, dass sie am Fußende meines Bettes standen, ich hatte ihr Kommen nicht bemerkt. Sie weckten mich unwirsch auf: „Übrigens, wir haben dich vom Gesangsunterricht abgemeldet." Mehr hörte ich nicht. Ihre Verachtung drückte mich zurück in mein Kissen, stumm nahm ich ihre Worte hin. Immerhin hatte ich bis dahin geschafft, dass sie mir, wenn auch mit Widerwillen, fünf Stunden Gesangsunterricht bezahlt hatten. Inständig hoffte ich, dass alles nur ein Albtraum war und schlief weiter, solange sie mich ließen.

## Intensivstation

Jeder Mut wurde erstickt.
Viel Kraft brauchte ich dann auch, um zum Studium in eine Stadt zu ziehen, die so viel größer war als die, in der ich zur Schule gegangen war. So wenig traute ich mich, dass ich vor meinem Weggang noch in knapp zwei Jahren eine Ausbildung absolvierte. Es war die Idee meiner Eltern, die ich zweifelnd, missmutig und tief im Inneren auch erleichtert annahm. Es war keine schöne Zeit, diese Galgenfrist, aber im Nachhinein war sie lehrreich und nützlich. Und dann war endlich auch der Frust so groß, dass er mir den Schub gab, den mein fehlender Mut nicht zusammengebracht hatte.
Auf zum Designstudium in die Landeshauptstadt! Doch kaum dort angekommen, in dieser unbekannten Welt, die so groß, so laut und voller Gerüche war, flüsterte mir eine Professorin zu, dass ich nicht so recht passen würde. Nicht passen würde in

diesen Studiengang, für den sie mich mit einer dreistufigen Prüfung aus dutzenden Bewerbern ausgewählt hatte. Nicht passte, weil ich nicht einfach meinen Geist freimachte für den Fluss meiner Kreativität, sondern zu viel hinterfragte. Nicht passte, weil ich so anders war. Und doch, ich hatte es angefangen und würde es auch beenden. Und ich bekämpfte mich, um passend zu sein.

Drei Monate später wurde ich, die einundzwanzigjährige Studentin, ins Krankenhaus eingeliefert, direkt auf die Intensivstation. Ich war im Fieberwahn, mein Körper dehydriert und an vielen Stellen entzündet. Die Nieren hatten ihre Arbeit fast eingestellt und mein Blut völlig mit Gift durchsetzt.

Ich wusste sicher, heute Nacht würde auf dieser Station jemand sterben. Ich setzte auf mich, auch wenn ich nicht wirklich daran glaubte. Ganz ruhig hatte ich dagelegen zwischen all den Kabeln und Geräten, neben der endlos stöhnenden, jammernden alten Dame und einem älteren Mann. Alles war mir egal, alles war so mühelos. So unbeschwert. So losgelassen. Es könnte alles noch leichter sein.

Am nächsten Morgen hörte ich ein Raunen und Räumen, dann hatten sie den alten Herrn herausgefahren, der keinen Laut von sich gegeben hatte, als er starb.

Wochenlang hatte ich geweint, bevor ich ins Krankenhaus gebracht wurde. Geweint, vor Heimweh. Wenige Monate zuvor hatte ich meinen Planeten verlassen, diese Welt, die meine Eltern mit ihren Zuschreibungen um mich gesponnen hatten. Ich hasste meinen Planeten, ich fürchtete ihn. Ich liebte diesen Planeten, weil er das einzige Terrain war, das ich kannte. Ich verließ mein kümmerliches Ich, als ich ihn verließ. Ich fand mich schwer zurecht ohne meinen Planeten. Allein. Wer war ich wirklich, ohne das aus Abwertungen gespannte Netz meines Charakterbildes, was sollte ich tun, wie sollte ich sein?

Ich hatte keinen Kontakt zu meiner eigenen Wahrnehmung mehr, keinen Kontakt zu mir selbst. Ich wusste nichts mit mir anzufangen. Ich weinte, als ich in der Straßenbahn saß, ich weinte auf dem Fahrrad, weinte zwischen den Vorlesungen auf der Toilette, ich weinte, als ich am Schreibtisch sitzend versuchte, mich auf mein Studium zu konzentrieren. Ich aß nichts, ich trank zu wenig, ich atmete kaum.
Im Krankenhaus rettete man in dieser Nacht mein Leben, das so haltlos ins Nichts zu fallen drohte. Als ich am nächsten Morgen auf die Normalstation verlegt wurde, sah ich in zwei rotgeweinte Gesichter. Ich brauchte eine Weile, bis ich verstand, dass dies meine Eltern waren. Gleich, als man sie alarmiert hatte, waren sie ins Auto gesprungen und hierhergefahren. Sie sorgten sich, sie liebten mich! Überhaupt. Trotzdem. Ein wenig. Der Frieden hielt eine Weile. Diesmal etwas länger als sonst. Und zum ersten Mal hörte ich dieses „Oh, unser armes Kind ...", das nun noch öfter kommen sollte.

## Die erste Begegnung

Nach und nach kämpfte ich mich zurück in den Alltag. Dass ich nun gleich zu Beginn des Studiums viele Wochen verpasst hatte, registrierte ich mit der Gelassenheit der Gewohnheit, weil ich es wiederkehrend schon aus meiner Schulzeit kannte. Als ich endlich wieder einen Rhythmus gefunden hatte, schaffte ich es auch, mir einen Nebenjob zu suchen.

*Und dann war er da.*

Bei einer Veranstaltung der Firma, für die ich nun arbeitete, kamen auch die Mitarbeiter der südlichsten Niederlassung, hunderte Kilometer entfernt. Ich sah Adrian dort stehen, an der anderen Ecke des Raumes, sah ihn sprechen, ohne den Klang seiner Stimme zu hören. Nur den Bruchteil eines Augenblicks brauchte mein Herz, um sich für ihn zu entscheiden. Es war wie ein „Da bist du ja“. Als hätte ich ihn gleich erkannt. Wiedererkannt?

In den Tagen darauf bewies jede seiner Gesten auch sein Interesse. Jeder seiner Blicke verriet mir sein Verliebtsein. Jedes Wort war wie ein Versprechen. Doch es war einfach der falsche Moment, die unpassendste Situation. Lange versuchten wir, uns nicht völlig aufzugeben, wenigstens Freunde zu sein. Fast zwei Jahre lang blieben wir in Kontakt, überbrückten alle paar Monate die Distanz zwischen unseren Leben, konnten uns nicht abwenden voneinander.

Es war, als streckten wir uns die Hände entgegen, ich auf dem Boden stehend, er aber flog so hoch, dass ich ihn nicht gänzlich fassen konnte. Und ihn zog es weiter, gedrängt von dem unverhofften Sturm, der durch sein Dasein toste. Es riss an mir, die Qualen waren grauenhaft. Schließlich gab ich auf und ließ ich ihn los.

*Er flog davon.*
*Leer und*
*verloren*
*blieb ich zurück.*

## Die Studentenwohnung

Meine neue Studentenwohnung war mein erstes, ganz eigenes Reich. Für mich. Allein. Ich saß am Schreibtisch neben meinem Bett und hörte das Sprudeln des Wasserkochers. Ich ging hinüber, die kleine Küchenzeile war nur wenige Schritte entfernt, und machte mir Tee. Draußen war es dunkel und auch die Lichter der mich umgebenden Fenster waren schon lange gelöscht.

Der Tee wärmte meine Hände. Er wärmte aber nicht mein einsam zitterndes Inneres, wenn die Gedanken mich durchwühlten. Ich genüge nicht! Ich reiche nicht aus, damit er sich für mich entscheidet! Obwohl ich am Ende die war, die ging, fühlte ich mich verlassen. Ich Nichts! Wie betäubt durchlebte ich die Stunden, die sich ohne Adrian wie Wochen dahindehnten. Monate, die sich wie Jahrzehnte anfühlten. Ich gab mich gänzlich auf, drehte die Flamme der Liebe auf null herunter, suhlte mich in der Gleichgültigkeit.

In meiner neuen Wohnung hatte ich Raum und Ruhe für das Diplom. Vierzig Quadratmeter Luxus. Ich würde sie mir noch ein paar Monate leisten können, wenn ich meine Lebensversicherung vorzeitig auflöste. Ich würde meine Eltern nicht um Hilfe bitten. Ich würde es schaffen.

„Typisch! Die teuerste Wohnung der Stadt. Nur das Beste für dich, wie immer, du überhebliches Stück, meinst du noch immer, du seist etwas Besseres als andere?“, keifte meine Mutter in den Hörer. Nicht einmal ein bei der Stadtverwaltung besorgter Mietspiegel konnte sie überzeugen, dass diese schicke Wohnung schlicht ein unglaubliches Schnäppchen war. Dass ich zuvor über Wochen recherchiert und verglichen und dann Glück hatte, will sie nicht glauben. „Ich sehe, was ich sehe. Für Ma-

dame ist eben nichts gut genug", wiederholte sie fast unentwegt und wochenlang.
Die ersten sieben Semester hatte ich mit zwei anderen Studentinnen bei einer alten Dame unter dem Dach verbracht. Wohnte dort in einem kleinen Zimmer zwischen alten Möbeln und ihrem sittlich strengen Auge, habe im Flur auf einer Campingplatte gekocht. Erst als die Dame täglich aus fadenscheinigen Gründen die Treppe hinaufstieg und an meine Tür hämmerte, erst als im gemeinsam genutzten Bad in der Dusche kleine braune Hinterlassenschaften auftauchten, zog ich aus.

*„Nur das Beste für Madame."*
*„Natürlich, Mutter. Wie immer", stimmte ich in meinen Gedanken zynisch zu.*

*Meine Eltern.*
*Meine Erinnerungen.*
*Sie begleiten mich, jeden Tag.*
*Sie verblassen einfach nicht.*
*Keinen Tag.*

## Ein Schimmer

Draußen war alles still. Weit nach Mitternacht stoppte ich den Lauf meines Rechners und ging zu Bett. Doch meine Gedanken liefen weiter. Ich legte mich ins Bett und las. Dieses unabänderliche Ritual, bis die Gedanken schweigen, bis ich so ruhig bin, so pulsentschleunigt, dass ich das Nachdenken loslassen kann. Antriebslos stand ich wieder auf und wanderte hinaus in einen neuen Tag, von dem ich nicht ahnte, was er bringen würde. Ich

ahnte nur, dass das Spektrum dessen, was geschehen kann, unendlich ist.
Alles war mir gleichgültig. Sogar der kalte Regen, der durch meine Bluse drang und sie an meinen Armen festklebte, war mir einerlei. Ich war mir egal. Gleichzeitig fühlte ich mich so zäh, so unbesiegbar, weil ich zu wissen glaubte, dass meine Zeit noch nicht gekommen war. Wie leicht hätte ich damals hinübergehen können auf dieser Intensivstation. Hinüber in den endlosen Kreislauf des Lebens oder in eine Hölle, in einen Himmel, hinüber ins Nichts.
Doch ich war noch hier. Wozu eigentlich? Ich hatte Adrian verloren und mich noch nicht gefunden. Nichts hatte ich, wofür es sich zu leben lohnte. Ich, die voller Ängste war, rannte über die Straße ohne einen vorsichtigen Blick nach rechts und nach links. Ich wusste, dass ich noch bleiben würde, ungewollt noch bleiben müsste. Aber ich hatte keine Ahnung, wofür. Und es interessierte mich auch nicht.
Meine Resignation war Tims Chance. Unverhofft betrat er die Bühne. Nachdem ich Adrian hatte ziehen lassen, war er mir so gut wie jeder. Schmuck war er und freundlich und er breitete seine Begeisterung für mich offen vor mir aus. Ein kleiner Tropfen Balsam fiel auf mein wundes Herz. Ich ließ mich fallen, halb tot in Tims Arme, die mich auffingen, ganz ruhig, ganz sanft und die mir ein wenig Ruhe gönnten, einfach nur, weil sie mich hielten.

## Diplom

Nach und nach begann ich, meine Seele zu schützen. Ich fuhr seltener zu dem Ort, der sich mein Zuhause nennt. Aber die

Szenen am Telefon wiederholten sich. Sie waren nicht leichter zu ertragen, doch immerhin, die Abstände wurden größer. Nachdem die Gewalt der Hände aufgehört hatte, war die Gewalt der Worte massiver, direkter geworden. Das einzig verbliebene Mittel musste ganz ausgekostet werden. Die verbalen Hiebe waren wuchtig und gruben in mir ein immer tieferes Loch. Sie trafen stets. Also war dort, an irgendeiner Stelle noch Substanz vorhanden, obwohl ich gewähnt hatte, bereits in der Leere verschwunden zu sein.

*„Du bist echt das Letzte", schleuderte meine Mutter mir entgegen. Und ich spürte, dass es wahr war.*

Monatelang hatte ich Tage und Nächte gearbeitet, weil ich etwas ganz Besonderes als Diplomarbeit abgeben wollte, perfekt, unangreifbar. Längst hatte ich das geforderte Maß weit überschritten, hatte einen Professor aus einem anderen Fachbereich dazugeholt. Weil ich es nie geschafft hatte, mich in das Schema, in die Norm einzupassen, sollte wenigstens mein Finale unanfechtbar gelungen sein. Ich war aufgeregt, ob mein Wagnis aufging. Tiefschwarze Ringe umrahmten meine Augen, die Beweis dafür waren, wie hart ich arbeitete. Wie von Sinnen taumelte ich zwischen Bett und Schreibtisch hin und her, fokussiert auf dieses eine Ziel.
Zwei Tage vor der Diplomprüfung klingelte mein Telefon. Statt einer Frage, wie es mir geht, wie ich vorankäme, ob ich es schaffen würde, und ohne ein Hallo pfefferte meine Mutter mir ihre Bemerkungen um die Ohren. „Du bist schlecht. Du bist böse. Raffgierig. Niederträchtig." Irgendetwas war mit meiner Schwester, irgendwie ging es um Geld, das ich mir von ihr für die Diplomprodukte geliehen hatte, die gestaltet, gefertigt, fotografiert und präsentiert werden mussten. Ich weiß noch, dass

ich entsetzt und erschüttert war, doch inzwischen habe ich den genauen Vorwurf vergessen. Mein Körper aber erinnert sich noch immer daran, wie ich damals gezittert habe, vor Verzweiflung, voll des Gefühls der Ungerechtigkeit und schon wieder gänzlich missverstanden worden zu sein. Kein Gehör für meine Argumente, als würde ich gegen eine unsichtbare Wand, mit einem Bildschirm sprechen. Die Übelkeit war in mir hochgekrochen, drückte mein Innerstes aus mir heraus. Stunden um Stunden war ich wie betäubt und innen ausgehöhlt. Und so ging ich in mein Kolloquium vor allen Professoren und einem Auditorium interessierter Gasthörer. „Du siehst blass aus", hatte meine Professorin gesagt. „Ja", hatte ich geantwortet.
Ich habe die Prüfung bestanden. Doch sie wurde nur mäßig bewertet, weil sie nicht dem geforderten Schema entsprach, weil sie zu anders war.

## Der Streit

Ich zog zu Tim, weiter fort von meinem Elternhaus. Die Wohnung, nun eine halbe Tagesreise entfernt, bot meiner Seele einen ersten kärglichen Unterschlupf. Der gewährte mir ein wenig Schutz gegen ein Außen, das immer ruhiger wurde. Doch diese Stille hielt mein Inneres nicht aus und schien es kompensieren zu wollen. Immer wieder quälten mich die Relikte meiner Kinderjahre und verpesteten meine Gegenwart.
Schweigend hatte ich ihn mitgenommen, den Rucksack, so schwer mit Ballast. Der Rücken schmerzt. Der Nacken tut weh. Der Magen übersäuert.
Der Abstand zu Adrian besänftigte meinen Schmerz. Ohne das Gefühl von Liebe, das mit ihm in der Ferne entschwunden war,

lebte ich an Tims Seite. In aller Selbstverständlichkeit breitete sich der Alltag über unsere Partnerschaft aus. Dumpf vergingen die Jahre in der Einsamkeit einer Beziehung, in der Gefühle entbehrt, aber nicht wirklich vermisst werden. Langsam fasste ich Fuß im Berufsleben, doch ich kam nie richtig an. Noch ein Aufbaustudium, einige Firmenwechsel, ein paar freie Projekte.

Inzwischen war ich dreißig Jahre alt und stritt mich.

Mit dem Mann, mit dem ich zusammenlebte. Die Anlässe waren nichtig. Ist es nicht eigentlich sinnlos, sich über Dinge auseinanderzusetzen, die im Wesen des anderen verankert sind? Dennoch war ich unfähig, Tims Eigenheiten mit einem Lächeln hinzunehmen.

Unentwegt wartete ich auf ihn. Ich konnte meinem eigenen Anspruch auf Pünktlichkeit zwar meist selbst nicht genügen, weil mein allzu leicht abgelenkter Geist mich oft noch fünf oder zehn Minuten kostete. Dennoch war ich auch nach Jahren noch voller Unverständnis für Tims Langsamkeit. Mindestens eineinhalb Stunden brauchte er, bis er seine Haare sorgfältig gewachst, jede Strähne onduliert, die Kanten der Bartfrisur begradigt und die Fingernägel korrigiert hatte. Alle bewunderten diesen attraktiven Mann an meiner Seite, kannten sie doch nicht das Ausmaß des Aufwands, der dafür getrieben wurde und mir die Nerven raubte.

Krampfhaft versuchte ich dennoch, mich zu beruhigen. Ich saß da und wartete. Und in meinem Kopf formten sich Bilder meines Vaters, wie er so häufig brüllend, zornesrot und dauerhupend im Wagen saß, wenn wir nicht zur vereinbarten Sekunde eingestiegen waren. So mischte sich in meinem Gefühl die Scham gegenüber Wartenden mit der Angst vor einer Wut, die der meines Vaters gleichen könnte. Dazu noch die tatsächliche Ungeduld, die ich mit aller Kraft niederkämpfte. Bis diese un-

heilvolle Mischung nach fast einer Stunde beschwerlichen Bemühens in einem Zischen ihren Ausdruck fand, der dem meiner Mutter glich. Und wieder hatte ich versagt und meine schamvolle Wut über mich gesiegt.
Wie diesmal wieder, als wir mit Freunden in der Stadt verabredet waren. In meiner Fantasie standen sie ruhelos wartend am Treffpunkt mit wutglühendem Gesicht. Ich schämte mich, sorgte mich, wartete, rief bei ihnen an, um sie zu vertrösten, eine viertel, eine halbe, eine ganze Stunde. Schweigend saßen wir endlich im Auto, die Freunde lächelten nachsichtig und der Abend verging. Auf der Rückfahrt brach es aus mir heraus. Bis zu unserer Wohnung stritten wir und schaukelten uns gegenseitig hoch.
„Mir ist es egal, wie toll du aussiehst! Das ändert auch nichts", schrie ich nach Jahren schließlich und wollte ihn treffen, ihn verletzen. Weil er mir eigentlich zu gleichgültig war, weil mir egal war, worauf er so großen Wert legte. Tim wusste das. Er schwieg. Akzeptiert hatte er von Anfang an, dass er nur die zweite Wahl für mich war, dass ich im tiefsten meines Inneren meine verlorene Liebe zu Adrian aufbahrte. Ich hatte ihn ehrlich gewarnt. Vielleicht hatte er gehofft, dass die Zeit vieles ändern würde, und mehr oder weniger war es auch so.
Ich blieb weiter bei ihm, denn seine vorwurfslose Treue tat mir wohl. Nach und nach aber spürte ich, wie diese unechte Verbindung das Schlechteste in mir hervorrief. Mit der Kenntnis jeden weiteren Makels, den ich an seinem Wesen fand, sank der natürliche Respekt, den man einem anderen Menschen zunächst entgegenbringt. So stritt ich mich mit dem Mann, den ich nicht liebte. Weil er nicht so war, wie ich mir den Mann neben mir wünschte. Weil er meine Erwartungen nicht erfüllte. Und weil er in mir alte Erinnerungen hervorrief, die mich triggerten.

Jeder Streit ruft auch heute noch panische Angst in mir hervor. Er saugt mir jede Lebendigkeit aus dem Körper, ich fühle mich so unendlich hilflos. Die Situation macht mich blind für jedes Maß. Wenn auch die Liebe fehlt oder vielleicht gerade deshalb, reicht das, was da ist, noch allzu leicht für jede Auseinandersetzung. Wenn gar das einzig vorhandene Gefühl Enttäuschung ist, fallen schneidende, verletzende Worte so leicht und treffen so hart.
Im Laufe der Jahre wurde der Ton schärfer, die Worte vernichtender. Und dann kam der Punkt, an dem es um nichts mehr ging. Kein Inhalt, keine Lösung, nur die Trefferquote zählte. Wir standen uns gegenüber und haben kaum begonnen, uns Sprüche entgegenzuschleudern, als er sich von mir abwandte. Und ich blieb zurück mit dem Gefühl, nicht einmal diese Auseinandersetzung wert zu sein.

## Schlagen

Doch beim Streit muss man schlagen, schreien, verwüsten. Das ist so, das war immer so, das muss so sein. So streitet man, so habe ich es gelernt.

*Etwas muss geschlagen, verletzt, gedemütigt werden.*
*Jetzt, sofort!*
*Das Etwas bin ich.*
*So ist es richtig.*
*Denn es ist meine Schuld. Aus Prinzip.*
*Unbestimmt und unerklärlich, doch so sicher wie die Angst.*

Also schlug ich mir ins Gesicht, schleuderte meinen Schädel gegen die Wand, ich kratzte, prügelte mich überall, wo ich mir Gewalt antun konnte. Ich zog an meinen Haaren. Nie aber verließ mich die Vorsicht, nur ja keine bleibenden Spuren zu hinterlassen. Ich erwartete, wünschte fast, dass mich jemand bei den Schultern packte, hochriss und schüttelte, mich hasserfüllt so laut anschrie, dass ich den Druck seines Atems spürte. Dann wäre die Angst vor dem anderen größer als vor mir.
Doch es blieb still. Es würgte mich, als wollte mein innerer Dämon ausbrechen und überhandnehmen. Wahllos schlug ich zu. Ich schlug auf mich ein, wieder und wieder, auf meine Wangen, meine Schläfen, meinen Hinterkopf, an meinen Hals. Das Böse in mir, ich wollte es zurückdrängen mit aller Kraft, die ich besaß. Bis sie mir ausging. Dann sank ich in mich zusammen. Rote Schlieren zogen sich durch mein Gesicht. Die Hände taten weh und ich konnte endlich weinen. Ein Meer von Tränen rann meine Wangen hinab und mein Körper schüttelte sich dabei.

*Ich hatte meine Schuld gesühnt.*
*Ich hatte ein schlechtes Gewissen.*
*Ich empfand Erleichterung.*
*Ich schämte mich und ekelte mich vor mir.*

Als das Zittern nachließ, blieb nur noch die Scham. Nie zuvor hatte mir jemand dabei zugesehen. Ich hockte im Raum auf dem kalten Boden und rieb meine schmerzenden, leicht geschwollenen Hände. Auf meinem Handrücken sah ich diese Mischung aus Tränen, Wimperntusche und Schleim, der weiter unaufhörlich aus meiner Nase tropfte. Ich spürte das groteske Gefühl von Zufriedenheit, weil Innen und Außen jetzt irgendwie im Gleichklang waren. Dennoch griff ich hektisch in meiner Hosentasche nach einem Tuch und schnäuzte mich laut. Ich trocknete mein Gesicht und sichtbar blieb rotbrennende Scham. Vorsichtig blickte ich auf. Über mir auf der Treppe stand Tim und sah auf mich herab. Als ihn mein Blick erreichte, schaute er verstört und hilflos weg. Wir sprachen nicht darüber. Wie über so vieles andere nicht.

## Berührung

Dieser Mann, der vor mir stand, der neben mir lebte, berührte mich nicht. Nicht meine Seele und nicht meinen Körper. Ich wollte nicht berührt werden.

Ich saß vorne neben meinem Vater im Auto. Er brachte mich zur Schule, weil Eisregen in der Nacht die Radwege unpassierbar gemacht hatten. Vor uns an der Ampel stand ein Bus und in der hinteren Reihe mein erster Schwarm. Meine Hände zitterten, schwitzten. „Was ist los?“, fragte mein Vater. „Siehst du den blonden Jungen, der ist so toll, oh, mit dem würd' ich gerne, den würd' ich gerne ...“, ich stammelte. Durch meine Gedanken flogen wilde Wortfetzen aus der Zeitschrift, die ich neuerdings las.

*Schweigen.*

Am Abend wurde ich ins Schlafzimmer meiner Eltern zitiert. Ich saß zwischen den beiden auf deren Bett, eingekesselt im Halbdunkel. „Schlampe, Nutte, Hure!“, wüteten sie. Stundenlang.
Mein ehrliches erstes, neugierig suchendes Gefühl war erniedrigt, zertrampelt. Verängstigt, verschlossen, vertrocknet. Mit dreizehn.

Ein paar Monate später zwangen sie mich, einen BH zu kaufen für die kleine, langsam wachsende Brust. Ich wollte es nicht. Ekel stieg in mir auf. Alles wehrte sich.

*Nein!*
*Kein Körper,*
*keine Frau.*

Zu Hause sollte ich die Unterwäsche meinen Eltern vorführen. Fast nackt stand ich vor denen, die mir wenige Monate zuvor die Abartigkeit der Körperlichkeit eingebläut hatten, vor denen, die sich sichtbar nie berührten. Bemüht aufmunternd und bemüht gelassen tasteten mich ihre Blicke ab. Sie lächelten jäh und sagten mir, wie hübsch ich aussähe in meiner hellblauen Kombination, die sich wie ein Korsett um mich schnürte, die auf meiner Haut brannte, die ich nie wieder trug. Da stand ich in meiner unschuldigen Jungfräulichkeit, die ich eisern bewahrte, bis ich erwachsen war.
Ich hielt mich von Nähe so fern wie vom Alkohol, so fern wie von Drogen. Eine suchtaffine Nuttenanwärterin auf der Hut.

*Berühr mich nicht.*
*Berühr mich nicht.*

Lange musste Adrian Geduld beweisen, bis ich mich wirklich unbefangen anschauen, berühren und fallen ließ. Und nach einer langen Zeit spürte ich dann sogar den Vorzug besonderer Sensibilität, die auch alles Schöne und jede zugelassene Berührung noch intensiver erleben lässt.
Als Lotta mit einem Schub aus ihren kindlichen Sachen aus ihrem Kleiderschrank herauswächst, gehen wir einkaufen. Ein neuer Rock, Shirts, Socken. Doch auch Unterwäsche ist fällig.

Als mir das bewusst wird, zittere ich. Ich wünschte, ich könnte mich drücken, aber Adrian winkt ab. „Das macht ihr Mädels mal alleine“, sagt er aufmunternd lächelnd. „Du schaffst das!“
Ganz übel ist mir, als ich mit Lotta auf ein großes Kaufhaus zusteuere und weiter in die Wäscheabteilung. Wir stromern unschlüssig umher, entscheiden uns erst einmal für ein bunt bedrucktes Hemdchen und langsam reguliert sich mein Puls. Wir gehen weiter, bis ich an einem Regal für Teens stehen bleibe, mich herunterbeuge und ehrlich begeistert sage:
„Ist das süß!“ Lotta schaut mir neugierig über die Schulter.
„Oh, ja!“ Sie lächelt begeistert.
„Magst du das anprobieren?“, frage ich sie so natürlich, wie es mir möglich ist. Fröhlich hüpft sie zur Kabine und ruft mich wenig später, um meine Meinung zu erfahren. Als sie später zufrieden ihre Tüte mit unseren Einkäufen umherträgt, bin ich unfassbar dankbar und erleichtert, dass es mir gelungen ist, ihr die Unbeschwertheit zu bewahren.

## Der schöne Schein

So plätscherte das Leben vorbei. Nur sehr vereinzelt kamen Tim und ich uns so nahe, dass er dafür ganz verstohlen ein kleines Zeichen in seinem Kalender machte. Es war mir gleichgültig. Ich war eher froh, dass Tim kaum etwas von mir erwartete als Ausgleich für seine Anwesenheit. Ich nahm ihn als attraktive Begleitung an meiner Seite dankbar an, teilte mit ihm das wenige, was wir teilten, und bemühte mich, mich für das zu begeistern, was ihn begeisterte.
Konsequenzen aus der Regungslosigkeit meines Daseins aber zog ich nicht. Wohin sollte ich auch gehen? Entscheidungs-

schwach verharrte ich in der Starre meiner Gefühle oder aus Alternativlosigkeit und der Furcht, alleine zu sein. Und so hielt mich eine diffuse Mischung aus Dankbarkeit und Resignation in diesem Zustand, der unsere Beziehung war.
Tage um Tage schlichen sich heimlich davon. Tim hatte Geburtstag. Es waren Gäste zu Besuch. Zwei Tage lang hatte ich geputzt, eingekauft, gekocht, gebacken. Und nun saßen dreißig Leute gebannt starrend vor dem Fernseher, auf dessen Bildschirm kleine Männchen über eine grüne Fläche rasten. Zig Erwachsene, die hinter einem Ball herjagten, der ihnen nicht gehörte, tausende Menschen im Stadion, deren Gebrüll uns durch die Lautsprecher erreichte. Und dreißig Menschen, die einen Geburtstag feiern wollten, aber nur regungslos zusahen, wie andere Menschen sich bewegten. Das Einzige, was die Gäste bewegten, waren die Hände zur Schale Chips. Mein Essen blieb fast unberührt. Ich war enttäuscht, saß auf der Treppe, die vom Wohnzimmer hinauf zur Galerie führte, und beobachtete im Augenwinkel die Freunde meines Freundes.
Bereits in der Halbzeit lag ihre Mannschaft hinten. Nach und nach heizte sich die Stimmung auf und ich bemerkte verwundert, wie besonders Tim sich hineinsteigerte. Als sein Team dann verlor, stand er wortlos auf, mit wutverzerrtem Gesicht, hob seinen Stuhl in die Höhe, schlug ihn wieder und wieder auf den Boden, bis er zertrümmert war.

*Irritierte Blicke.*
*Schweigen.*
*Schnell war die Wohnung leergefegt.*

Ich war wie erstarrt. Fest in mein Unterbewusstsein gebrannte Bilder zogen an meinem geistigen Auge vorbei. Meine Fantasie

kramte uralte Andenken hervor, sie bemächtigten sich meiner Gedanken und krallten sich in ihnen fest.
Ich räumte auf. Spülte, putzte, wie ein Uhrwerk. Stundenlang, bis in die Nacht. Wie früher meine Mutter.

*Und wir schwiegen.*
*Wieder schwiegen wir.*

Ich erzählte niemandem, wie es mir ging, erhielt ein perfektes Bild nach außen aufrecht. So, wie ich es gelernt hatte.

*Weil alles gut war.*
*Weil alles so war, wie es sein soll.*

## Geduld

Ohne Vorsatz lehrte Tim mich Geduld. Verkrampfte Geduld, die mir fast ebenso schwerfiel wie Milde. Warum nur war ich so hart zu ihm?
Auch wir Erwachsenen brauchen Geduld, um Neues zu lernen. Doch wie soll ich lernen, geduldig zu sein, wenn genau dieser Mangel das Lernen verhindert? Vielleicht könnte Nachsicht helfen, wo die Geduld fehlt? Milde Nachsicht, die wir unserem Gegenüber und uns selbst entgegenbringen könnten oder gar einem Kind? Einem Kind, das unbefangen seinen Instinkten folgt, das unsere Auffassung von Richtig und Falsch noch nicht kennt?
Ein Kind ist ein Buch mit leeren Seiten, die das Leben beschriften wird. Die Eltern helfen bloß, einen kräftigen Rücken zu heften, wählen starke Blätter aus, die nicht schnell reißen und weit

und geräumig sind. Sie schenken die sichere Basis für ein erfülltes Leben ihres Kindes: „Du musst nichts tun, du musst nichts sein, um von uns geliebt zu werden. Wir lieben dich, ohne Wenn, ohne Aber, ohne Ende.“ Wenn das Kind dann in diesem Bewusstsein seine ersten Blätter beschreibt, welch großartige Fülle ist dann möglich, während die Eltern geduldig warten, wie Seite um Seite entsteht?

Wenn ich meine ersten Seiten ansah, sah ich kleine, dickschwarz umrandete Kästchen, die die Größe der Seiten begrenzten und zackige Buchstaben, die hart auf das Papier gekratzt waren, dass es fast zerriss.
Ich drehte mich um, ich stand in einer Küche, die auch meine war. Dennoch fremd. Nur die Teeschublade gehörte ganz mir. Die Blumen auf dem Balkon blühten. Die Sonne schien und ich knipste vertrocknete Blüten heraus. In diesem Jahr hatte ich es geschafft, Kirschtomaten anzubauen. Sie hatten sich mit reicher Ernte für Geduld und Sorgfalt bedankt. Die Natur ist ein Wunder, das Sehen, Hören und schaffende Hände belohnt.

## Wer bin ich?

In den ersten Jahren nach dem Diplom hatte ich mein betriebswirtschaftliches Aufbaustudium absolviert. Doch mein Wagnis, zwischen dieser Disziplin und der Kreativität zu wandeln, machte mich wieder zu uneindeutig, zu unpassend für übliche Raster. Als ich nach mehreren zeitlich begrenzten Projekten einen festen Job bekam, arbeitete ich oft bis in den späten Abend und fuhr dann noch eine Stunde zurück.

*Leistung. Nie genug. Immer weiter. Immer mehr.*
*Nie schlau genug.*
*Nie schön genug.*
*Nie schlank genug.*
*Und mehr habe ich nicht.*

All das, was meine Eltern, und irgendwann dann auch Ida und Felix, über mein Wesen gesagt hatten, kam mir vor wie eine Unterstellung. Ich hatte keine bösartigen Gedanken, fühlte mich nicht als etwas Besseres. Was sie über mich sagten, entsprach nicht meinem Selbstgefühl. Ja, ich fühlte mich vollkommen anders und unglaublich fremd, aber war ich böse? War ich nicht eher naiv und leider auch oftmals sehr undiplomatisch? Nach und nach verwirrte ich völlig, misstraute meiner Wahrnehmung, ging auf Distanz dazu und hasste mich selbst immer mehr.

*Gewalt schmerzt so sehr. Aber nichts schmerzt so sehr wie die Last, einfach nur ich zu sein.*

Meine ausgeprägte Selbstkritik brachte mich und andere regelmäßig zur Verzweiflung. Wenn etwas nicht auf Anhieb klappte, wollte ich es aufgeben. Und wenn ich bei einem Spiel verlor, verlor ich auch die Nerven. Meine Not war so groß, dass ich nicht mehr ein noch aus wusste. Am schlimmsten aber war für mich, wenn jemand beim „Mensch ärgere dich nicht“ absichtlich eine Spielfigur zog, mit der sie mich oder jemand anderen zurück zum Start schicken konnte. Dieser Mutwille, dieser Vorsatz, fast körperlich spürte ich den Schmerz der Ungerechtigkeit. Für meinen Zug wählte ich immer eine Figur, die niemanden zurückwerfen würde. Doch auch dafür wurde ich gemaßregelt: „Scheinheilig“, war, wie ich glaube, das dazu passende Wort.

Filme, in denen Niedertracht, Verwechselungen oder Missverständnisse vorkamen, ließen mich geradezu durchdrehen. Ich rannte aus dem Zimmer, schaute ab und an durch einen Spalt in der Tür, in der Hoffnung, es habe sich alles geklärt. Was andere spannend fanden, war mir stets unerträglich. Kaum konnte ich mich selbst beruhigen und niemand half mir dabei.

An mir war immer alles falsch und in mir durcheinander. Ich war schon von mir aus verunsichert, zweifelnd, perfektionistisch, furchtbar kritisch. Und all diese Wesensarten wurden von meiner Familie immer wieder negativ hervorgehoben. Es verstärkte meine Zweifel, mein Ringen mit mir selbst. Ich kann mich kaum daran erinnern, dass ich je für etwas anderes gelobt wurde, als für mein Aussehen und meine schulischen Leistungen, die aber im Laufe der Zeit immer mittelmäßiger wurden. Ich entsinne mich nicht, dass ich je hörte, ein nettes oder gar liebenswertes Kind zu sein. Noch heute höre ich viel über mein Äußeres, meine kalligrafische Handschrift oder die Kleidung, die ich trage. Und ja, natürlich freut es mich und schmeichelt mir. Doch wie sehr wünsche ich mir, mir würde jemand einfach sagen: „Du bist ein lieber Mensch.“

## Fremdling

Fremdling, auf dieser Erde, in meiner Familie und in mir drin. So wie ich Geräusche, Farben und Bilder, Wetter und Wind, Licht und Berührung, Geschmack und Gerüche wie einen Ansturm empfinde, als seien meine Sinne angespitzt, nehme ich auch Gefühle wahr, Emotionen anderer und meine. Wenn ich traurig bin, bin ich es zutiefst. Wenn ich fröhlich bin, bin ich ganz ausgelassen, für den Bruchteil eines kurzen Moments. Bis das Kraftwerk wieder anspringt und seine Zweifel streut. Und schon ist die Leichtigkeit passé.

„Bis einer weint!“, hatte unsere Mutter immer warnend gesagt, wenn Ida und ich allzu vergnügt umhergesprungen waren.

Mir schien es, als ruhten beständig forschende Blicke auf mir, immer auf der Suche nach dem letzten Beweis für jede noch so abstruse Idee von mir. Unentspannte Dauerkontrolle, Beobachtung, Lauerstellung. Ich war eine schlechte Lügnerin, im Gegenteil platzten mir all meine Gedanken meist ungefiltert aus dem Mund heraus. Wenn meine Eltern aber behaupteten, ich würde sie anlügen, lief ich rot an, auch wenn ich die Wahrheit sagte, und meine Augen verdrehten sich vor lauter Beklemmung. „Das Gesicht eines Lügners“, erkannten sie dann und schon hatte ich ihnen bewiesen, was nicht wahr war.

Adrians Humor ist so besonders wie er selbst. Von Anfang an musste Lotta sich bei ihrem Vater daran gewöhnen, dass er gerne ironisch, sarkastisch oder gar makaber sein konnte. Oft erzählte er ihr das Blaue vom Himmel. So etwas wie „Nein, Lottchen, heute gibt es nichts mehr zu essen, wir gehen jetzt einfach ins Bett“, sagte er dann. Und die kleine Lotta stand vor ihm mit ihren großen Augen und starrte ihn fragend an. Bereits nach kurzer Zeit warf sie bei jedem Zweifel immer einen prüfenden Blick zu mir herüber, um zu wissen, ob er scherzte oder es ernst gemeint war. Dann waren wir zwei Verbündete und wir zwinkerten uns zu. Bis sie groß genug war, um selbst mit Adrian in den verbalen Ring zu steigen.

Für mich als kleines Mädchen gab es kein Entkommen, das gab es nie und gibt es nicht, nicht vor den Eltern und nicht vor dem eigenen Ich.
Vielleicht hätte es mich aufgefangen, zu erfahren, dass meine Empfindungen weniger absurd waren, als sie mir vorkamen in meiner inneren Einsamkeit. Doch ich erinnere mich nicht, dass meine Eltern je über sich, ihre Wahrnehmungen oder Emotionen gesprochen hätten. So beobachtete ich sie, beäugte sie genauso wie sie mich. Spekulierend schlichen wir umeinander herum. Und keiner sagte ein offenes Wort, falls es Unsicherheiten gab, wurden sie überspielt. Nur unter dem Einfluss von Wut presste sich ein Teil ihres Inneren aus der verborgenen Tiefe heraus.
Vor den Augen der Welt traten meine Eltern souverän auf, charmant und freundlich, kompetent und stark. Zweifelten sie je an sich? Oder war ich der einzige Mensch, der sich laufend hinterfragte? Der sein Vermögen nicht kannte oder anerkannte, aber um jedes Unvermögen wusste und es peinlich genau beobachtete? Doch all das dachte ich viel zu wabernd, um daraus eine konkrete Frage formulieren zu können. So blieb meine Kinderseele allein mit sich und all ihren Zweifeln.

## Freunde und Fremde

Ich saß auf dem düster kalten Ledersofa, gegen dessen Kauf durch Tim ich mich nicht hatte wehren können, die Füße in Wollsocken an die Heizung gelehnt, und sah den Tränen zu, die draußen entlangrannen. Unantastbar außen. Sie hatten nichts mit mir zu tun. Warum noch mehr weinen? Es änderte nichts.

Grau war jeder Tag. Die gesundheitlichen Beschwerden hatten zugenommen. Jedes Jahr lag ich im Krankenhaus. Ich begann, mich aufzugeben. Der Tod hockte stets auf meiner Schulter und flüsterte mir sanft und beruhigend ins Ohr. Er war von klein auf mein Vertrauter, die verlockende Chance auf Flucht in immer währende Lautlosigkeit.
Dennoch, kleine Lichtblicke, kleine Fluchten blieben, erhielten mein Leben. Hier eine kleine Fahrradtour durch sonnige Landschaft. Dort ein Lächeln und Lob. Ein kleiner Junge, der vertrauensvoll meine Hand hielt. Und die eine Fremde, die zur Bekannten wurde, als wir im Café zusammenhockten und plaudernd Tee tranken.

*Doch ist das alles?*
*Wird es jetzt immer so weitergehen?*
*Wo bin ich?*
*Wer bin ich?*
*Die Wut, diese Trauer in mir.*
*Diese Enttäuschung, Verzweiflung, Leere.*

Ich rannte davon, vor Menschen, die mir nahe sein wollten. Interesse, Zuneigung. Zu viel. Immer war es mir zu viel. Jedes Freundschaftsangebot, jede offene Sympathiebekundung blockte ich ab, ich sperrte mich und machte dicht.
Ablehnung reizte mich ebenso wenig. Sie machte mich fertig, zog mich hinab, ließ mich verzweifeln. Kein sportlicher Ehrgeiz kam in mir auf.
Gleichgültigkeit aber zog mich an. Ich kämpfte um die, die kaum Interesse für mich zeigten, freundlich, aber distanziert und manchmal kritisch waren. Ich habe Freundschaft nicht gelernt.

*Bekanntes Terrain,*
*vertraute Umgebung.*
*Gelernte Sicherheit.*

## Rausch

Wie leicht wäre es, all meinen Gedanken zu entfliehen. All diese Gedankendauerschleifen, dieses beständige Abwägen, Prüfen, Beurteilen, Taxieren, jedes Für und Wider, jedes schwindelerregende Hoch und bodenlose Tief. Wie schön wäre es, mich zu betäuben, hinabzusinken wie bei den unzähligen Operationen in die Narkose, wie zuckersüß und mühelos. Mich berauschen, mich beschwindeln.
Noch hielt ich mich fern davon, noch hielt ich mich aus. Doch der Damm begann zu bröckeln. Ich kämpfte gegen mich selbst, an allen Fronten. Verhasste Schwäche. Wenn ich sie gänzlich zuließ, würde ich als Süchtige enden. „Wir haben es ja gewusst!", hörte ich sie schon sagen.
Nur nicht aufgeben. Heute noch nicht. Ich schaltete den Wasserkocher ein, sein Rauschen besänftigte mich. Es erinnerte mich an das Rauschen eines Staubsaugers. Wenn der Vater nicht da war und die Mutter beschäftigt, waren wir in Sicherheit.
Nach dem leisen Klick goss ich meinen Tee auf, sprudelnd, wärmend. Weiter geht es. Nicht aufgeben, nicht heute.

*Doch wie laut kann Stille sein?*
*Ein Vorhang aus langen Schatten verdunkelt seit Jahren meine Seele. Und mir fehlt die Kraft, ihn fortzuziehen.*

## Die Kur

Als mir ein Kuraufenthalt bewilligt wurde, sagte Tim: „Wenn du zurückkehrst, werde ich dich etwas Wichtiges fragen." Und obwohl ich mit Bestimmtheit gedacht hatte, dass ich es mir wünschte, dass Tim mich heiraten will, wurde mir durch seine Ankündigung schlagartig klar, dass es nur einen Mann gab, zu dem ich je Ja sagen könnte.
Die Kur wurde zur Flucht. Es waren drei Wochen verordnete Zeit für mich. Zeit für Zeit. Zeit für Gedanken. Für das Aufspüren von Gefühlen. Mir wurden wohltuende Avancen gemacht, Chancen geboten, sogar neue berufliche Perspektiven eröffneten sich. Diese Kur, sie weckte mich auf. Ich spürte neue Energie.

*Weg*
*ein Weg*
*mein Weg*

Das Vermissen Adrians war, sobald ich es zuließ, so unfassbar qualvoll. Der erste konkrete Gedanke an ihn warf alles in mir durcheinander. Erinnerungen an seine Zurückweisung, daran, dass ich ihn verloren hatte, gingen mir voran, unausweichlich. Doch jeder meiner Gedanken führte zu Adrian.
So spürte ich erst ein Nein auf Tims ungestellte Frage. Dann dachte ich ein Nein.
Als ich wieder zurück war, redete, diskutierte, stritt ich mit Tim, ich bemühte mich, vor mir selbst den Schein zu wahren, dass ich ihm noch eine Chance gab.
Doch es gab nur noch die Sehnsucht nach Adrian. Also nahm ich den Hörer in die Hand. Woher nur hatte ich den Mut, den gemeinsamen Freund zu kontaktieren, um mehr über den Ver-

bleib meines Herzens zu erfahren, das Adrian mir genommen hatte als Pfand? Wie konnte ich wagen, ihn anzuschreiben? Was wollte ich? Was durfte ich nach sechs langen Jahren erwarten?
Meine Sehnsucht, ihn zu sehen, ihm nahe zu sein, war größer als meine Zweifel. Ich gab mich meiner Sehnsucht hin. In unerklärlichem Vertrauen.

## Du bist zurück

Und plötzlich stand er wieder vor mir. Zurück in meinem Leben.
Nach meinem Anruf hatte er sich in den Zug gesetzt und ich mich, und wir hatten uns in der Mitte getroffen. Wir umarmten uns vorsichtig, gingen lange nebeneinanderher, wechselten von einem Café in das nächste und redeten stundenlang. Als er mich wieder zu meinem Zug brachte, sah er mich an, legte seine Hände an meine Wangen und küsste mich leicht.
Ich fuhr zurück und packte meine Koffer. Kühl sagte ich Tim Lebewohl. Doch als er weinte, weinte ich mit. Ich wusste, dass ich ihn verstört zurückließ, und schämte mich dafür. Doch es gab nur noch ein Ja für Adrian. Und ich ließ mich fallen in seine Arme, in meine Liebe, in unser lang ersehntes Glück. „Ich musste viele Wege gehen, um mich zu finden, erst dann war ich bereit für dich“, flüsterte Adrian mir zu. Wir bewegten uns aufeinander zu, beide gebrannt, zögernd, unsicher, zuversichtlich. Er bewegte mich. Ich bewegte mich. Wir bewegten uns. Langsam, voller Hoffnung.
In einem Café an einem Regenabend schenkte uns der Wirt einen Regenschirm für den Heimweg. „So ein schönes Paar“, rief

er hinter uns her. Wir kamen nur bis zum nächsten dunklen Hauseingang und küssten uns lange. Die Kälte und den Regen spürten wir nicht. Wie ausgehungert hetzten wir aufeinander zu. Es war zu schön, um wahr zu sein.

*Denn*
*wer lieben nicht gelernt*
*nicht gespürt*
*und nicht gesehen hat*
*lernt es*
*Schritt für Schritt*
*und unter Schmerzen*
*manchmal spät*
*und manchmal nie.*

„Was hast du all die Jahre gemacht? Hast du an mich gedacht?", wollte ich in den ersten Monaten immer wieder von ihm wissen.
Seine Antworten waren nicht die, die ich mir erhoffte. Nach seiner Trennung von Lottas Mutter gab es viele Beziehungsversuche. Wie konnte er nur, wo er doch von meiner Existenz wusste? „Warum hast du dich nie bei mir gemeldet?", warf ich ihm vor. „Ich hatte gehört, du seist glücklich mit Tim. Ich wollte dein Leben nicht noch einmal zerstören", sagte er leise.
Oft ging Adrian stundenlang neben mir her, ließ mich mit Fragen seinen Bauch durchlöchern: „Wer war vor mir? Wer in den sechs Jahren, in denen wir uns verloren hatten? Was waren sie für dich? Wer bin ich daneben? Wer bin ich für dich?" Adrian hatte unendlich viel Geduld mit mir, für mich.
„Kann ich glauben, dass ich es bin, die du meinst, die du willst? Jetzt, mit einem Mal, nach all den Jahren willst du mich?", fragte ich mich, fragte ich ihn. Der Zweifel begann zu wachsen. Un-

gehemmt. Wie eine Schlingpflanze durchzog er meinen Körper, verästelte sich, umklammerte meine Seele.
Nach und nach aber fanden wir unseren Takt. Wir kochten gemeinsam, machten lange, schnelle Radtouren, wanderten Berge hinauf. Wir sahen uns zärtlich und tief in die Augen. Langsam zog Adrian in mein Leben ein, bewohnte meine Seele. Er sah mich. Und ich begann, mich zu sehen. Wir verrieten uns Geschichten, Gedanken, Gefühle, ließen einander teilhaben an Vergangenheit, Zukunft und Jetzt.
War Adrian lange geflogen, gekreist durch die Luft, gab ich ihm jetzt Halt und geborgenen Raum. Und nach zahlreichen Monaten wagte auch er, sein verriegeltes Herz zu öffnen. Wenn Adrian fröhlich war, riss er mich mit, Hand in Hand rannten wir dann durch die Zeit. War ich traurig, legte ich meinen Kopf an seine Schulter, er hielt mich sanft, bis meine Tränen versiegten. Wir berührten uns, innen wie außen. Wir wurden eins, ohne uns ineinander aufzulösen.

*Wir wurden eins*
*immer wieder*
*ließen wir los*
*fanden einander*
*Tag um Tag*
*wieder zurück.*

## Zweifel

Als ich Tim verließ, verließ ich auch meinen Job, die Stadt und die Region. Wieder eine neue Himmelsrichtung, eine völlig fremde Umgebung und diesmal sogar ein Dialekt, den ich kaum verstand. Durch einen Kontakt aus meiner Kur hatte ich, genau zur rechten Zeit, ein spannendes Jobangebot in Adrians Nähe bekommen. In der glitzernden Welt der Schmuckbranche sollte ich ein kleines, internationales Unternehmen leiten. Dankbar nahm ich es an. Wir suchten eine Wohnung, die groß genug sein würde für uns. Und natürlich sollte auch Lotta ein eigenes Zimmer haben, wenn sie an den Wochenenden da wäre, plante ich zuversichtlich, ohne sie schon zu kennen. Meine Eltern und Geschwister hielten mich für verrückt. Der unerwartete Schlag, dass ich den von ihnen vergötterten Tim verlassen hatte, war für sie schon schwer zu verkraften gewesen. Jetzt aber noch diese Spinnerei, in Adrian meinen zukünftigen Partner zu sehen und zu glauben, ich würde Lotta eine Stiefmutter sein können?

*Er meint es nicht ernst.*
*Er kann es nicht ernst meinen.*
*Nicht mit dir.*
*So wie damals, als er sich nicht für dich entscheiden konnte.*
*Er will dich nicht! Er wollte dich nie.*

Nie zuvor aber handelte ich so unbeirrt von all ihrem beißenden Hohn. Und dennoch säten ihre Sorgen Zweifel, die in meinem zerfurchten Herzen auf fruchtbaren Boden fielen. Adrian kannte meine Geschichte von Anfang an und im Laufe der Zeit immer mehr. Rücksichtsvoll und geduldig verband er meine Wunden, indem er mir das Urvertrauen gab, das ich so schmerzlich vermisste. Doch die Wunden waren tief und der Weg der Heilung lang.

*Vergiftete Seele, vergiftetes Glück.*

Adrian hatte einen schlechten Tag, seine Arbeit als Trainer war wenig erfolgreich, das Wetter war mies, der Kopf tat ihm weh. All dies trug er mit nach Hause und es zeichnete sein Gesicht. Ich aber konnte die Gründe nicht sehen. Ich sah nur seinen traurigen Ausdruck, die fahle Haut, die trägen Bewegungen. Ich hörte sein Schweigen und es schmerzte in meinen Ohren. Er sprach nicht und sagte mir damit alles.
Wir sprengen auseinander, wie zwei Magnete, die sich verkehrt herum nähern.
„Du willst mich nicht mehr. Du wolltest mich nie!", warf ich ihm vor. Ich presste meine Lippen zusammen, versuchte ihm meine Gedanken zu verschweigen, doch tiefe, reine Panik quetschte die Worte hervor. Sofort sprang er auf meinen Vorwurf an, ließ sich reizen, weil er ohnehin schon so gereizt war.
„Was willst du von mir?", rief er.
Ich hörte nur den Abfall in seiner Stimme. Ich weinte und weinte. Und brauchte alle Kraft dazu, mich nicht zu schlagen. Nicht vor ihm! Ich wollte keinesfalls, dass er mich so sieht. Damals hoffte ich noch, ich würde es schaffen.
„Ich gehe atmen, tief atmen", sagte Adrian, verließ die Wohnung und blieb lange fort.
„Was geht hier vor? Was ist passiert?", überschlug es sich in meinem Kopf. „Gestern hat er mich noch so geliebt, heute Morgen, der Abschiedskuss war so zärtlich und warm!"
Sein liebevoller Blick hatte mich durch die vergangenen Stunden begleitet und ich hatte darauf gewartet, ihn am Abend wiederzusehen. „Wo ist er unterwegs geblieben? Was habe ich getan?"
„Ich kann nichts getan haben", nun fällt es mir ein. „Ich war gar nicht da, nicht in seiner Nähe. Ich bin nicht daran schuld." Doch in meinem Herzen gibt es diese Möglichkeit kaum, die mein Hirn mühsam ersinnt.

„Vielleicht war es die Arbeit, das Wetter, die Kollegen oder alles zusammen. Aber nicht ich.“ Ich hatte es geschafft. Als er verschwitzt zurückkam, hatte ich mich beruhigt.

*Kräfte sammeln und hingehen.*
*Noch einmal atmen, ganz tief.*
*Wieder auf ihn zugehen.*
*Zögernd.*
*Vorsichtig.*
*Langsam.*

„Es tut mir leid“, flüsterte ich und wollte in seine Arme kriechen. Doch ihm ging es noch nicht besser. Nein, sogar noch schlechter als zuvor. Ich zwang mich, tief Luft zu holen, gegen den Wiederaufstieg der Angst. „Nicht ich, ich habe nichts getan!“ Es fiel mir so unendlich schwer, nur ihn und seine Sorgen zu sehen, ohne mich gleich als die Schuldige auszumachen.
Ich sah ihm in die Augen. Er war so traurig, so wütend, sein Blick war schmerzverzerrt. Er brauchte Ruhe, allein.
Bevor ich dann, kurz vor dem Dunkelwerden, noch zum Einkaufen ging, fragte ich ihn, ob er mich noch liebt. „Ja“, sagte er kurz und ich glaubte es ihm. Ich glaube seinen Worten mehr als meinem Gespür.
Am nächsten Morgen war die Farbe in sein Gesicht zurückgekehrt. Er lächelte. Nach der Dusche nahm er mich in den Arm: „Da bist du wieder“, sagte ich.
„Ja“, erwiderte er lächelnd, „ich bin wieder da.“

## Ängste überall

Angst, überall Angst. Sie flimmert vor meinen Augen wie eine Fata Morgana. Wenn ich Auto fahre, sehe ich vor mir ständig zerschellende Autos, weil ich es schon einmal erlebt habe, wie vor mir ein Auto zerschellte und die Teile auf mich einhagelten. Liegt vor mir ein scharfes Messer, denke ich daran, wie es Kehlen durchtrennt und Körper durchbohrt, so wie ich es in Filmen sah. Werde ich um meinen Hals umarmt, denke ich an eine Filmszene, in der der Geliebte so, ganz leise und fast sanft, das Genick der Frau brach. Gehe ich auf einen Spaziergänger mit Hund zu, erinnert mich mein klopfendes Herz daran, dass mich schon zweimal ein Hund gebissen hat. Ich sehe diese riesige Spinne, die Adrian fing und aussetzte, wieder und wieder an unserer Wand, und wenn Adrian unterwegs ist, erwarte ich zitternd zwei Polizisten an der Tür, die mir die Nachricht seines Todes überbringen.

Wenn mir Menschen begegnen, gibt es immer diese Typen, die mir Angst machen. Sie bringen eine Saite in mir zum Klingen, die ich so gerne vergäße. Dann sind da diese Personen, die mich nicht hören und felsenfest immer und immer wiederholen, was sie schon mehrfach gesagt haben. Und schon zische ich sie an, weiß gar nicht, wie mir geschieht, versuche, sie mit Argumenten und Erklärungen zu überhäufen. Oder diejenigen, die so dümmlich wirken, wie ich mich ängstige zu sein. Dann könnte ich aus der Haut fahren und manchmal tue ich es auch.

Sie spiegeln all meine Erfahrungen, diese vorgefassten Bilder, all meine Ängste, die ich nicht zu überwinden in der Lage bin. Ich missbrauche diese Menschen als Projektionsfläche meiner Schatten. Sofort bin ich wie gestochen, kann mich kaum halten und frage mich, wer ich bin. Immer diese Angst. Die Kontrolle zu verlieren. Über mich.

Adrian hält mich aus, wenn ich mich nicht aushalte. Er hält aus, wenn ich überreizt reagiere, auf die Verkäuferin, die eine so herablassende Art hatte. Jeder kleine Fehler löst eine Scham in mir aus, die meine Seele zerfrisst: ein zu leises Danke an den Taxifahrer, zu wenig Trinkgeld für die Kellnerin, ein gedankenverlorenes, unbeabsichtigtes Beäugen eines Fremden. Wenn ich etwas gesagt habe, wälze ich es in meinem Hirn hin und her, wie es verstanden werden könne. Ganz bestimmt würde es anders verstanden werden. Anders, als ich es gemeint hatte. Und ich hatte es nur gut gemeint. Und nicht böse. Oder doch? Stundenlange, tagelange Grübeleien folgen dann nach.
Wer wäre ich, wenn ich mich ließe?

*Du lässt mich die sein,*
*die ich noch nicht kenne.*
*Du ziehst nicht*
*und du forderst nicht.*

*Bist ganz nah bei mir,*
*wenn zur Schlucht ich dränge.*
*Hältst meine Hand*
*und nie Gericht.*

*Lass meinen Blick zum Abgrund treiben.*
*Der Kampf um Hoffnung kämpft in mir.*
*Bin frei zu gehen und zu bleiben.*
*Sagst du mir lautlos: Ich bin hier.*

*Ich muss mich selber*
*lieben, achten, wollen.*
*Kann, darf nicht bleiben*
*nur für dich.*

*Und wenn ich hier bleib,*
*ist es Mut und Neugier,*
*auf mein mir*
*unbekanntes Ich.*

## Pfeile

Seit meinem „Nein“ damals während der rasenden Autofahrt sind die Pfeile meiner Eltern selten. Kaum wage ich zu denken, dass es von nun an und für immer keine Pfeile mehr gibt. Doch es bleibt still. Es hat aufgehört. So sehr hatte sich alles gewandelt, dass ich kaum noch glauben kann, dass all das je geschehen war. Nun spüre ich Respekt, Rücksicht und ein bedingungsloses „Wir sind da“ im Hintergrund. Ohne jede Forderung, ohne jeden Vorwurf. Immer klarer wird mir, wie sehr sich das Wagnis lohnt, Nein zu sagen, sich zu wehren, aufzustehen. Grenzen zu ziehen. Jedes „Nein“ ist ein Stück Mündigkeit. Weil erst Ida, dann später ich den Mut hatte, es auszusprechen, und weil unsere Eltern den Geist und die Größe besaßen, dies als Impulse wahrzunehmen.
Stille also nun. Der versponnene Planet ihrer Bewertung, ihrer Entwertung ist verschwunden im Nichts. Meine ständige Abwehr ist ihrer Funktion beraubt. Frei gewordene Ressourcen. Zeit und Raum für die haltlose Suche nach mir.

*Nicht wissend,*
*was ich will,*
*wer ich bin,*
*was ich brauche.*

Vorsichtig trete ich aus der Deckung heraus, lege das stützende Korsett der Abwehr ab. Jetzt wird es leichter, hoffe ich. Doch als die Spannung langsam weicht, schaffe ich es nicht mehr, mich aufrecht zu halten. Aus eigener Kraft, aus eigenem Willen, fehlt mir der Mut, nur da zu sein.

*Bin ich wie sie, bin ich wie er?*
*Bin ich anders?*
*Kann ich überhaupt anders sein?*

Ich bin wie ein winziges Boot auf großer See, ohne Anker, ohne Halt, ohne Grund. Jeder Wind lässt mich erbeben. Oft zittere ich, wenn ich mit meiner Familie telefoniere. Kalte Angst habe ich davor, dass mir diese Menschen zu nahe kommen. Ich höre ihre Stimmen, habe Furcht vor dem, was sie sagen, weil ich nicht glauben kann, dass es das ist, was sie denken. Ich lausche angestrengt, ob ich zwischen den Zeilen die Wahrheit ihrer Gedanken hören kann. Wie auch sollte ihr Blick auf mich plötzlich ein so veränderter sein? Wie könnten sie in mir je etwas anderes erkennen als ein arrogantes, bösartiges Stück Dreck? Es sind Worte, es sind Reaktionen, es sind Töne. Sie explodieren in mir. Und ich kann mir nicht helfen. Ein schüttelndes Frostgefühl durchnagt mich dann, meine Magenwände nähern sich einander, die Finger beben und mir ist kalt. Mit aller Kraft versuche ich dann, meine Stimme in der Waage zu halten. Haltung bewahren. Warum diese Furcht? Sie sind doch nun so gut zu mir. Warum nehme ich es nicht einfach dankbar an?
Manchmal höre ich, wie sie traurig sagen, dass sie sich wünschten, ich wäre öfter da. Doch ich brauche den Abstand, die großen Pausen zwischen den Besuchen. Ich bin meist viel zu angespannt, wenn ich dort bin. Argwöhnisch beobachte ich uns fünf miteinander. Jedes freundliche Wort zwischen meinen El-

tern, jedes Lächeln, das sie sich in ihrer neu gefundenen Gelassenheit schenken, erfreut mich. Jedes Vibrieren aber, jede Stirnfalte, jedes Aufblitzen alten Verhaltens in diesem Gefüge, schleudert mich aus meiner zerbrechlichen Ruhe. Ich trage die Sammlung all meiner Beobachtungen und Gefühle mit in Adrians und meine ferne Welt und brauche Wochen, bis ich alles verteilt, verpackt, abgelegt und all meine Sinne wieder zu Ruhe gebracht habe. Wenn ich nicht selbst genug auf mich achte, achtet mein Mann auf mich. Er ist immer bereit zur Flucht, wenn irgendetwas in alte Bahnen geriete. Dennoch bleiben wir stets nur für ein Wochenende, weil ein weiterer Tag den Stress für uns alle erhöhte. Und die Gefahr.

Wenn ich ihre Traurigkeit bei meiner Abreise sehe, tut es mir leid. Doch ich weiß, dass ich den Schutz des Abstandes für mich brauche. Dass ich noch nicht stark genug bin. Dass so vieles schon besser, doch noch nicht alles zu Ende ist.

Vater, Mutter, Geschwister, oft noch so fern, so fremd wie das ganze Universum. Wie Planeten am anderen Ende der Galaxie. Und doch meine Familie, der Grund meines Seins. Nie habe ich erwogen, das Band völlig zu zerschneiden, einfach so, und weil ich viel zu neugierig bin auf das Warum. Und darauf, wie es mit uns noch weitergeht.

## Ida

Wir haben uns geprügelt, Ida und ich, als wir klein waren. Wir zogen uns an den Haaren, kratzten der anderen ins Gesicht, boxten uns in den Magen, traten einander in die Knie. Brutal und rücksichtslos. Voller Verachtung. Voller Abscheu und voller Hass.

*Es gab keine Brücke zwischen unseren Planeten.*
*Es gab nicht dieselbe Sprache.*
*Es gab keine Sprache.*
*Es gab nur gelernte Entwertung, nur stumme Gewalt.*

Als die Gewalt der Mutter aufhörte, wurde es weniger, als die des Vaters endete, ließen auch wir beide voneinander ab.

Dann aber dauerte es noch zwanzig Jahre, bis wir einander wirklich begegneten. Besonders als ich mit Adrian mein Glück fand, war mein Blick auf sie von Mitleid geprägt. Ida suchte lange die Liebe. Und war nie in der Lage, sich zu vertrauen. Auf eine andere Art als ich, doch genauso selbstgrausam. Vielleicht war sie, aus ihrer Sicht, für einen Mann noch immer zu dick, zu dumm und hässlich? Vielleicht fühlte es sich für sie nur dann richtig an, wenn sie von dem Mann in ihrer Nähe missachtet wurde, so wie sie es von ihrem Vater gelernt hatte. In ihrer Realität gab es einen, der sie erniedrigte und schlug, der sie betrog, den sie mit letzter Kraft immer und immer wieder verließ. Bis sie erneut zu ihm zurückkehrte.

Sie ließ sich nicht ein. Und sie ließ sich nicht aus. In meiner Wahrnehmung existierte sie nur, ohne zu leben. Doch dann sagte ich mir, dass ich der Mensch bin, der ihr am wenigsten helfen könnte. Und dann fühlte ich mich schuldig und dann wusste ich, dass ich böse bin.

Einmal besuchte ich eine Familienaufstellung. Mein Bild war nur kurz, ich schaffte es nicht, meiner Frage in dieser großen Gruppe genügend Raum abzugewinnen. Die, die für Ida an der anderen Seite des Raumes stand, sah mich an und weinte. Ich stand da, sah Ida an und weinte. Wir gingen nicht aufeinander zu, das konnten wir nicht, doch wir lächelten uns an. Als ich wieder saß, flüsterte mein Sitznachbar mir zu: „Deiner Schwester geht es besser als dir." Ungläubig starrte ich ihn an. Wochen

später erzählte ich Ida davon. Wir redeten lange und dann umarmten wir uns. „Glaube mir, es geht mir gut“, versicherte sie mir. „Sorge dich nicht um mich, sorge dich endlich um dich.“
Ich schreibe über Ida in der Vergangenheit. Weil es für sie keine Gegenwart mehr gibt, seit ein Betrunkener ihr die Vorfahrt nahm. Nach neununddreißig Jahren verließ sie die Welt und mich jäh. Und ich blieb noch einsamer zurück, als ich es je gewesen bin.
Verdammt, Ida, warum?
Endlich hatten wir uns ein wenig kennengelernt, uns auf unseren Planeten besucht, unsere Erinnerungen geteilt und verglichen. Wir hatten uns vereint und unseren Spruch „Wenn wir nicht zufällig Schwestern wären, wären wir bestimmt keine Freundinnen“ ad acta gelegt.
Wo war deine Ration an Liebe? Ich hätte sie dir so gewünscht! Vielleicht gibt es für dich ja an irgendeinem Ort, in irgendeiner Zeit eine neue Chance. Hatte wirklich das Glück für dich eine andere Gestalt als für mich? „Es geht mir gut“, hast du gesagt. Und endlich will ich es dir glauben.
Du warst meine Verbündete gegen das Vergessen, gegen die Hoffnung und Furcht, einer Wahnvorstellung erlegen zu sein. Du warst die, die sich sogleich und unverzagt mit der Vergangenheit aussöhnte, als unsere Eltern sich wandelten. Breitschultrig hast du dich, wie Kanonenfutter, stets allem in den Weg gestellt. Tapfer und entschlossen, mit der von Licht erfüllten Laterne in deiner Hand, liefst du immer voraus.
Genau wie jetzt. Manchmal in meiner Fantasie ist Ida ausgewandert, zu ihrer großen Liebe ans Ende der Welt. Er züchtet Schafe, sie betreibt eine kleine Pension und die Sonne scheint. Ich weiß, wie die beiden miteinander lachen, weiß, dass sie sich liebe Worte sagen und einander wirklich ansehen. Und ganz selten einmal findet Ida in ihrem vollkommenen Glück die

Zeit, mir einen langen Brief zu schreiben, auf den ich ihr dann in die Ferne antworte, in die sie so zuversichtlich verschwand.

## Todessehnsucht

*Tod, er hat mich immer begleitet.*
*Frei. Tod.*
*Immer wieder denke ich an ihn.*
*Nicht exakt an das Wie, sondern abstrakt.*
*Irgendwie.*

Unblutig sollte es sein und ohne jemand anderen hineinzuziehen, so viel wäre sicher, wenn ich über das „Wie“ nachdenken würde. Aber das tue ich ja nicht.

Früher einmal besiegte die Angst jegliche Vernunft. Ich war dreizehn, als ich mich, wenige Wochen vor Idas großem Nein, spontan mit einem langen Küchenmesser der unbändigen Wut meines Vaters erwehren wollte. Drohend stand ich vor der Küchentür und blickte verhalten entschlossen seiner Gewalt entgegen. Ich richtete aber die Klinge nicht gegen ihn. Nein. Ich richtete sie gegen mich. Hielt sie über meinen Puls der linken Hand: „Die, von der ihr sprecht, will ich nicht sein. Sie existiert nicht einmal! Und die, die ich gerne wäre, darf ich nicht sein. Dann lieber niemand sein und nichts.“

*Tod.*
*Nicht wirklich tot, nur weg, irgendwie.*
*In Ruhe. In Frieden.*

Die Reaktion meines Vaters auf meine dramatisch-heroische Geste, die sein Herz erreichen und erweichen sollte, fiel ernüchternd aus. Entschlossen und beängstigend ruhig nahm er mir das Messer aus der Hand. Dann zwängte sich seine Antwort durch seine blutleer schmalgepressten Lippen. Er schickte mich zur Beichte am nächsten Tag. Kein Mitleid, kein Bedauern, keine Sorge, keine Angst. Ich erkannte nur Abscheu für meine Missachtung des mir geschenkten Lebens. Er drehte sich um und brachte das Messer zurück an seinen Platz. Und so lernte ich ein weiteres Mal, dass Scham und Schuld immer noch zu steigern sind.

## Sackgasse

Gut vier Jahre hatte meine hoffnungsvolle Karriere nur gedauert, bevor alles zusammenbrach. Und gut vier Jahre ist es nun auch schon her, dass Adrian mir den knisternden Ring überstreifte und ich dann nach und nach verkraften musste, wie ich meine Gesundheit, meinen Job und meine Träume verlor. Als ich dann dastand und so viel verloren hatte, steckte ich zunächst meine ganze neu aufkeimende Energie in mein eigenes überambitioniertes Unternehmen. Perfekt sollte es sein. Drei Jahre lang hatte ich alle monetären Mittel hineingepackt, alle, die ich hatte oder auch nicht. Ich sog jedes begeisterte Lob auf, lebte von der positiven Resonanz in der Presse, von dem guten Gefühl der Spendenquittungen, den zufriedenen Lieferanten, deren Rechnungen ich schnell beglich, aber nicht skontierte. Ich spendete mehr, als ich je einnahm, vergaß niemanden, außer weiterhin mich selbst, bei der Kalkulation. Kein sanfter oder deutlicher Hinweis von außen hielt mich davon ab, mich

auszubeuten. Ich rannte und rannte, beseelt von dem Gefühl, etwas ausgleichen zu können in dieser ungerechten Welt.
Doch als mein Eifer fast Adrians und meine Existenz kostete, wachte ich jäh auf und wusste schlagartig, dass ich wieder versagt hatte. Ab da war der Zauber verschwunden.

*Und nun ist es vorbei. Und es geht nicht weiter. Nie mehr.*

Unzählige Projekte fange ich an, investiere Zeit und Gedanken in diese und die nächste Idee, beginne, Bewerbungen zu schreiben, von denen ich eine Absage erhoffe, weil mir der Job meine Freiheit rauben würde.
Hier noch ein Gedicht, eine Zeichnung, eine Geschäftsidee, ich vertiefe mich in zahllose Themen, um dieses Wissen nie nutzen zu können. Jahrelang erlese ich mir die Welt der Psychologie und zwischenmenschlichen Kommunikation, ich wühle mich durch alle Werke von Fontane und Zweig, dann noch Ökologie, Nachhaltigkeit, Ernährung, verschiedene historische Themen und Sprachen, jedem Stichwort, das ich aufschnappe, widme ich mich. Ich vermisse meine Krankheiten, die mir und meinem Hirn Horte der Ruhe waren, fast dankbar bin ich für zahlreiche kleine Eingriffe im Darm, die mir Schmerzen bringen. Mehr fühlen. Und weniger Gedanken.
Tiefer und tiefer lasse ich mich fallen, dresche nach jedem Disput mit Adrian hemmungslos auf mich ein, alle Kanäle sind offen. Es ist alles egal. Wochen, Monate vergehen, ohne dass sich etwas bewegt. Vielleicht halte ich unbewusst an meinem beruflichen Misslingen fest, weil es mir Chance und Raum für meine rastlose Suche und tiefinnere Schwermut gibt?

*Diese Speiübelkeit.*
*Ich*

*werde*
*es*
*nicht*
*schaffen!*

Jetzt habe ich jede Chance vertan. Niemand wird mir eine neue geben. Mir. Dem Wrack, dem das Versagen so unsichtbar und deutlich in die Stirn gemeißelt steht. Mein Kopf ist sich bewusst, dass diese Botschaft zwischen den Zeilen meiner Bewerbungen wabert und jede Absage wahrscheinlicher macht.

## Wir hatten es doch schön ...

Als mein Vater eines Tages am Telefon sagte, „wir hatten es doch schön zusammen damals …“, bebte alles in mir. Wie ein Schüttelfrost durchfuhr mich meine Wahrheit. Meine lose gewebten Erinnerungen bedrängten mich und sie ließen mich zweifeln.

*Meine Wahrheit,*
*deine Wahrheit.*

Ich erinnerte mich an meines Vaters Extreme, die ihn von einer Sekunde zur nächsten von einer Stimmung in die andere rissen. Er schien an sich zu leiden, doch begegnete er sich mit einer Schonungslosigkeit, die ich heute auch von Adrian kenne. Mein empfindsamer Mann ist zu männlich stark für jede kümmerliche Schwäche, zu souverän für eine entwürdigende Entschuldigung, zu selbstbestimmt, als dass er nach einem Konflikt als Erster das Schweigen brechen könnte. Aber ich sehe es

ihm nach, so gut ich es kann, und ich sehe, dass es schwer ist für einen Mann, so angestrengt niemals unterlegen und besonders sensibel zu sein.
Ich erinnere mich an einen Vater meiner Kindheit, der, war er nicht unter Druck, fröhlich mit uns spielte und uns in einer Schubkarre durch den Garten fuhr. Doch verblassen diese Szenen angesichts der Erinnerung an seine übermächtig-cholerischen Wut, die immer wieder aus ihm herausplatzte und an meine markerschütternde Angst. Wir hatten es schön als Kinder? Dieser tiefe Graben zwischen unseren Wahrnehmungen der Vergangenheit enttäuschte mich sehr. Er konnte sich meiner Realität nicht stellen, die Büchse der Pandora nicht öffnen. Vielleicht nicht jetzt, womöglich nie? Vorstellbar, dass er sich vor sich selbst verbarg, vor seinem eigenen Wesen, vor seiner eigenen Kindheit. Doch es war, es ist seine Geschichte.
Meine Erinnerung an meine Mutter ist dunkel, sie ist fast schwarz. Ich habe Kälte und Starre im Gedächtnis, sie war wie versteinert. Einmal fragte sie mich: „Weißt du es denn nicht mehr? Wir haben gemeinsam gebastelt und gesungen, gebacken und getanzt."

*„Wann nur, Mutter, wann?"*

Ganz vage aber scheinen dann Fetzen von Szenen durch, von Weihnachten, dem Basteln von Gestecken, dem Duft der bunt verzierten Plätzchen, von Tannennadeln und den roten Pusteln, die sie auf meiner allergischen Haut hinterließen.
Meist aber stand meine Mutter in der Küche, sie wusch ab und kochte, sie reparierte Dinge, tapezierte, dekorierte, sie putzte das bereits blitzblanke Haus bis tief in die Nacht, sie ging einkaufen und zur Arbeit. War stets präsent und doch nie da.
Ich spürte nur das kalte Band aus Eisen, das sie um ihr Herz

gelegt hatte, um sich vor der Angst zu schützen. Ihre lähmende Panik vor diesem unberechenbaren Mann, den sie lieben wollte. Den Mann, der mit der Liebe zu sich selbst zu ringen scheint. An den sie sich gebunden hat, den sie wieder und wieder erwählte, weil sie sich nie gegen ihn entschied.
Nach und nach gab es kurze Gespräche mit meiner Mutter. Geschützt durch meinen Mann, den ich in meinem Rücken wusste, hielt ich es aus, mit ihr über damals zu reden. Und einmal erzählte sie mir am Telefon von den Nächten, in denen sie wach läge, in denen die Erinnerungen sie quälten. „Ich weiß, dass ich eine schlechte Mutter war", sagte sie in den Hörer. „Nein!", formulierte ich rasch und ganz automatisch und zitterte dabei. Doch zwei Tage später setzte ich mich ins Auto und fuhr hin. Ich kauerte auf der kleinen Bank hinter dem Küchentisch, meine Hände lagen auf dem Tischtuch und hielten einander fest. Wie damals sah ich ihr beim Kochen und Backen zu. Ich versuchte, meine Wirbelsäule gerade zu halten, bemühte mich, mich aufzurichten, zu stählen für das, was kommen würde. Sie wedelte herum, ließ sich nicht helfen, ihre Hände unentwegt in Aktion. Zwischen jedem Arbeitsschritt reinigte sie alle Flächen und ich fragte mich, warum ich nicht so ordentlich war wie sie. Dann hielt sie kurz inne, wischte sich zuerst die Hände an der Schürze und dann mit dem Unterarm die Haare aus der Stirn, setzte sich zögernd zu mir und sah mich an.
„Du hast Recht", begann ich, so ruhig und klar es mir möglich war, „du warst eine schlechte Mutter. Du hast immer gut für uns gesorgt. Aber du hättest uns umarmen, uns beschützen müssen. Stattdessen hast du auch selbst noch zugeschlagen." Ich machte eine Pause und atmete tief. „Viel schlimmer aber waren deine Worte. Wieder und wieder höre ich sie. Ich kann sie einfach nicht vergessen."
Nur kurz hielt sie meinem Blick stand, dann schaute sie zu Bo-

den. Und ihre Stimme zitterte ein wenig, als sie sagte: „Ich weiß, dass ich es nicht ändern, dass ich es niemals rückgängig machen kann. Aber du sollst wissen, es tut mir so leid."
Sie ging damit einen großen Schritt auf mich zu, reichte mir ihre Hand zur Versöhnung. Zögernd, ängstlich, voller Scham saß sie da. Wie ein kleines, verwundetes Kind. Nie hatte sie Worte der Reue, nie eine Bitte um Verzeihung von ihrer eigenen Mutter gehört, die nur ihre jüngste Tochter geliebt und ihre großen Kinder misshandelt und gedemütigt hatte. Vielleicht hätte meine Mutter, die Mittlere, dann damals den Kreislauf durchbrechen und uns behüten können? Wie schwer mussten ihr diese Worte fallen, wie groß war diese Geste. Ich sah den Schmerz in ihrem Blick, sah, wie Schuldgefühle sie überwältigten, sah die alten Bilder und die Ausweglosigkeit, der Vergangenheit zu entfliehen. Ich schaute verstohlen auf ihre Finger, die sie, noch leicht von Mehl bestäubt, aneinanderrieb. Es war, als erinnerten sich ihre Hände an die Schläge und sie knetete sie wie damals, um die Schmerzen davon zu überdecken.

*Erst fraß die Angst,*
*jetzt das Gewissen*
*ihr Leben,*
*ihre Seele.*

Sie wandte sich ab. Schließlich übertönte der Mixer die Stille, die nach ihren Worten herrschte. Ich saß einfach da und sah ihr zu. Es tat mir alles so leid. Für sie, für ihr Leben. Für das eine Leben, das wir haben, dieses einzige, von dem wir sicher wissen. Ich betrauerte all die Möglichkeiten, die sie nicht genutzt hatte, jedes Lachen, das sie nicht lachte, jedes Glück, das sie nicht fühlte. Und die Hoffnung, die sie schon so früh verlor und die sie bisher noch nicht wiederfand.

## Schmetterling

Als meine Eltern viele Monate später zu Besuch sind, hocke ich mit meinem Vater wortlos auf dem Balkon unserer Wohnung. Mit dem Rücken zur Wand sitzend, blicken wir in das unverbaute Tal, das sich vor uns ausbreitet. Wir beobachten die jungen Turmfalken, die unter unserem Dachfirst wohnen. Sie machen ihre ersten Flugversuche zwischen den Obstbäumen, die sich sanft auf den welligen Hügeln verteilt haben. Aus der Küche dringen sachte Geräusche, Adrian und seine Schwiegermutter kochen gemeinsam. Und dann sagt mein Vater, ganz leise, ganz unvermittelt, ganz beiläufig, während wir nebeneinander in der Windstille sitzen:

*„Es war nicht alles gut."*

Schweigen davor und Schweigen danach. Und keine Miene.
So fliegt dieser kurze Satz haltlos über das Geländer in die Abendsonne, kaum gesagt verliert er sich in der Stille. Wie ein Schmetterling eilt er vorbei, so zart und zerbrechlich. Unsicher, ob ich ihn wirklich gehört, richtig verstanden habe, wage ich nicht, danach zu fragen. Ich fürchte, diese Worte zu zerdrücken, wenn ich versuche, nach ihnen zu greifen. Ich will sie genau so vernommen haben, ich will sie genau so behalten. Denn dieser zarte Hauch, den sie hinterließen, legt sich wie Balsam auf mein Herz.

## Das Gift

Und trotzdem, es geht mir nicht besser, nicht gut. Ich frage mich, warum ich all das nicht einfach hinter mir zurücklassen, das Kapitel abschließen und weitergehen kann. Ich schäme und verachte mich dafür, halte mich für undankbar und störrisch.
Es ist, als hätte meine Schutzhülle, meine Haut, nie richtig wachsen können, als sei sie immer und immer wieder zerrissen, zerfetzt und andersherum zusammengesetzt worden. Mich zwickt es überall, nichts passt so richtig und mir ist kalt. Mir fehlt mein Wohlgefühl in meiner eigenen Haut.
Und nun legen meine Eltern mir liebevoll einen zarten Mantel des ehrlichen Bedauerns über meine Schultern. Dankbar fühle ich mich geschützt vor der Kälte. Er hält den Regen fern von mir und auch den Wind. Doch spüre ich nun durch diese feine Reibung jede einzelne Narbe viel intensiver auf meiner Haut.

*Eine Kapsel voller Gift,*
*tief in meinem Herzen.*
*Tag um Jahr*
*gefüllt, genährt.*

*Gibt heimlich diesen bittren Stoff*
*in kleinen Dosen ab.*
*Tag um Jahr,*
*doch nie geleert.*

*Und obwohl mein Verstand*
*das Vergessen geübt*
*und das Verzeihen gelernt,*
*so versagt mir mein Herz diesen Dienst.*

*Denn das Versagen eurer Herzen*
*begleitet mich tags und in der Nacht.*

*Und eure ausgestreckte Hand,*
*ich sehe sie und dankbar hoffe ich.*

*Dennoch voll Trauer,*
*voller Schwermut wissend,*
*dass euer Arm nicht reicht,*
*mir nicht entreißen kann,*
*was euer Mund und eure Hand*
*mir einst gesagt, getan.*
*Tag um Jahr*
*und nie verjährt.*

## Die Therapie

Mit der fast beiläufigen Übernahme ihrer Verantwortung haben mich meine Eltern entlastet, ein Stück weit befreit. In dieser neuen Übereinkunft finde ich eine nie gekannte Kraft.
Mehr und mehr rüstet es sich in mir zu einer Reise.
Warum auch nicht? Ich trage keinerlei Verantwortung, ich habe Zeit und Raum und kaum noch etwas zu verlieren. Kein Kind heilt meine Wunde, kein Kind reißt neue Wunden auf. Ich will mich auf diese Reise machen und, wenn sie gelingt, einen Bericht von dem geben, was war und werden kann.
Wenn Umbruch möglich ist, mehr Lachen, mehr Leben, dann will ich es wagen. Ich will hinaus aus meiner dunklen Melancholie.

*Vor mir liegt ein langer Weg.*
*Für mich allein.*

Nie kann ich das Handeln des Nächsten ändern, nur mich und mein Tun bestimme ich. Wandele ich mich, verändere ich das Spiel. Fast schon bin ich bereit. Doch wie könnte ich das tun, ohne das empfindliche Gleichgewicht, das meine Familie und ihre Familien über Jahrzehnte bewahrten, zu zerstören?
Schon bin ich wieder im Außen. Nicht bei mir selbst, sondern bei den Menschen, die mich umgeben, und mein Plan gerät ins Wanken. So gerne möchte ich ihnen beistehen, sie unterstützen, ihre Dinge lösen, sie von ihrer Last befreien. Doch könnte ich ohne einen eigenen inneren Pfeiler Stütze für andere sein?
Nein, ich halte mich so nicht mehr aus, ich muss es wagen, jedes Risiko eingehen. Es ist der Mut der Verzweiflung, der mich treibt. Immer mehr bin ich bereit, mir wahrhaftig helfen zu lassen und mich wahrlich einzulassen. Vielleicht noch nicht völlig um meiner selbst willen, viel mehr aus Überdruss des Trübsinns. Doch meiner Motivation ist das Motiv egal, Antrieb ist Antrieb. Ich bitte Adrian um die Adresse eines erfahrenen Kollegen, von dessen wachsamer, unnachgiebiger Art er mir erzählt hatte. Ich hoffe so sehr, dass er mich nicht rauslässt, wenn ich leichthin erzähle, was in meinem Kopf so klar sortiert zu sein scheint. Ich hoffe, dass er erkennt, wo sich Bruchstellen verstecken, hoffe, dass er weitergräbt, bis zu den Orten, an die mein Herz meinem Kopf nicht folgen kann. Nicht so wie die sechs Therapeuten zuvor, die sich von meinem strahlenden Lächeln haben blenden lassen, die nie meinen offenen Wortfluss unterbrachen. Vielleicht weil sie es nicht bemerkten, nicht bemerken konnten, dieses kaum wahrnehmbare Zucken meiner Augenbraue, diesen veränderten Tonfall, dieses eigenartig platzierte oder leicht überzogene Wort, dieses Atemholen, das et-

was tiefer als üblich war. Sie konnten die Zeichen nicht lesen, die mein Unterbewusstes setzte. Sie fanden keinen Hinweis, wo sie hätten ansetzen, weiterbohren können, bis zu dem Unbekannten, das so schmerzhaft in mir vergraben war.

Der Professor, er ist Psychotherapeut und -analytiker, begrüßt mich mit einem freundlich-forschenden Blick und einem nachdrücklichen Händedruck und wir gehen in das Sprechzimmer. Kurz sehe ich mich um. Die Liege ignoriere ich, ich spüre, dass ich mich darauf zu klein und hilflos fühlen würde. Mit einer Handbewegung deutet der erfahrene Arzt auf einen schweren Ledersessel, in dem ich Platz nehme. Er setzt sich schräg gegenüber, macht einen sympathischen Eindruck und schaut mich erwartungsvoll an. „Warum sind Sie hier?“, fragt er. Ich schmunzle, als ich seine farblich recht eigenwillige Kombination von Hemd und Jackett bemerke, und entspanne mich.

„Was kann ich für Sie tun?“

„Ich weiß nicht mehr weiter“, sprudelt es aus mir heraus. „In den letzten Jahren sind alle meine Träume zusammengebrochen und ich bin oft unfassbar traurig. Immer wieder überkommt mich eine Untergangsstimmung, eine Sehnsucht nach dem Ende.“ Ich hole kurz Atem. „Ich habe einige Therapeuten ausprobiert, aber bin nicht weitergekommen. Und dann suchte ich wieder. Ich brauche wirklich Hilfe!“

## Der Beginn

Während der ersten Sitzung erzähle ich von den Erinnerungen und meinen Ängsten, die mich gefangen halten. Davon zu berichten, war nie mein Problem. Die Erkenntnis, dass mir das, was mir als Kind widerfahren ist, noch immer Schwierigkeiten bereitet, trage ich schon lange in mir, sie allein hilft mir nicht weiter. Der berühmte Satz „Ich kann nichts dafür“, dies Wissen ist nur in meinem Gehirn. Meinem Herzen, meiner Seele ist es fremd. Mein Herz und meine Seele fühlen sich schuldig.

Keine Idee habe ich, wie diese beiden Zweifler zu erreichen, wie zu überzeugen sind. Nach den ersten bohrenden Nachfragen des Professors aber bin ich sicher, dass es mir mit seiner Begleitung gelingen wird. Ich fühle mich gut aufgehoben unter der Aufmerksamkeit, die mir vom fast weißhaarigen Herrn über den Rand seiner Brille geschenkt wird. „Sie müssen alles noch einmal durchleben“, warnt der Professor. „Es wird beschwerlich für Sie sein und schmerzhaft.“ Ich sehe, wie sich das Muster der Gardine, auf die ich schaue, an der Wand schattenhaft abzeichnet. Ich fürchte mich nicht. Die Gefahr, noch mehr zu verlieren, ist größer, wenn ich es jetzt nicht wage. Ich weiß, dass ich so weit bin.

Nach und nach werfe ich ihm alles vor die Füße, was mir einfällt. Die Gewalt, die Tränen, die harten Worte, die Demütigungen, die Einsamkeit. Ich erzähle ihm von meinem Gefühl, in einer Glasglocke zu leben, ein Fremdling zu sein in dieser Welt. Ich berichte von meinen gescheiterten Therapieversuchen und von meiner unfassbaren Hoffnungslosigkeit. Vom Wunsch, einfach aufzugeben. Davon, auf dem Balkon zu stehen, diesem dann unermesslich starken Zug in die Tiefe. Und davon, dass mich stets noch etwas abhält. Vielleicht die Angst, verletzt dort unten liegen zu bleiben, oder der Ekel, wie es aussehen würde, nachdem ich am Boden aufgeschlagen bin. Vielleicht die Sorge, dass Adrian mich gänzlich zerschellt finden könnte und was ich ihm damit antäte. Vielleicht ist es auch Mut oder Neugier auf mein mir unbekanntes Ich?

Unmittelbar nach dem ersten Termin rüttelt etwas an mir. Tagelang empfinde ich einen seltsamen Unwillen. Der Professor

hatte gesagt, ich müsse alle Szenen noch einmal durchleben und dass es hart werden würde. Geht es schon los?
Ständig fahre ich aus meiner Haut. Ich mache meinem Mann Vorwürfe. Einfach so, weil er da ist und niemand anderes, dem ich Vorhaltungen machen kann. Auch ihn macht das wütend, das spüre ich. Besonnen aber schnappt er sich sein Rad, gibt seine negative Energie an das Pedal ab und kommt gelassener zurück. Er gibt meinem Missmut Raum. Ich aber halte mich, meine Situation nicht mehr aus. Was kann ich überhaupt? Ich kann nichts! Nichts richtig! Wieder sacke ich ein Stück tiefer. Wie weit kann es noch abwärtsgehen? Abscheuliche Tage. Nie hätte ich erwartet, dass ich mich noch nutzloser fühlen könnte, noch mehr verkehrt und völlig falsch. Inmitten von Menschen stehe ich und weiß: „Hier gehöre ich nicht hin." Ich grüble über meine Eltern, lege ihnen meine Geburt zur Last. Ich ekele mich, ich Extrakt ihres Schlechten und Bösen.

## Das Treppenhaus

Der Professor hatte mich aufgefordert, all meine Träume und Gedanken, die mir zwischen den Terminen einfallen, zu notieren und zum nächsten Mal mitzubringen. Mit diesen Gebilden als Werkzeug wollen wir aufbrechen zu unserem gemeinsamen Weg.
Im ersten meiner Träume, der in der Nacht vor meiner zweiten Sitzung erscheint, befinde ich mich in einem großen Treppenhaus, in dem sich eine stilvoll-imposante Wendeltreppe in ungewohnte Höhen und Tiefen schraubt. Ich stehe auf einer Etage irgendwo mittendrin. Die Tür zum dahinterliegenden Raum ist für mich verschlossen, ich beachte sie kaum. Ich kann oder will

nicht hineingehen. So bleibe ich da, halte mich am Geländer fest und beuge mich darüber, um hinabzuschauen. Ich bemerke, dass unter mir der komplette Anstieg geflutet ist, die unteren Stockwerke gefüllt sind mit völlig klarem, türkisfarbenem Wasser. Dann entdecke ich hinter mir drei Damen, die in schmalen, schlicht-eleganten Abendroben gekleidet sind, gerade so, als seien sie den Goldenen Zwanzigerjahren entsprungen. Doch sie sehen mich nicht. Ich nehme nur wahr, nicht teil, bin wie das Objektiv einer verborgenen Kamera.
Das gesamte Treppenhaus ist in lichtem Beige und einem sanften Cremeton gestrichen, die Wände sind unverziert. Ein geschwungener Handlauf begleitet in beide Richtungen die weitläufigen Stufen, die mit einem hellen, kuscheligen Teppich belegt sind, der alle Geräusche dämpft. Es ist ruhig, jede Bewegung verläuft ohne Hektik. Die drei Frauen sind sehr schön, sehr schmal und groß, eindeutige Stereotypen. Eine ist „die Erwachsene“ der drei, sie scheint sehr vernünftig, ihr mittelblondes Haar schmiegt sich in sanften Wasserwellen an ihre Schläfen. Die Zweite ist blond und wirkt sehr kindhaft und empfindsam. Die beiden Damen leben hier in diesem Haus. Die Dritte ist kurz- und schwarzhaarig, boshaft und distanziert. Sie ist eine vertraute, fast tägliche Besucherin. Sie schreitet von unten die wenigen Stufen zu den anderen hinauf. Sie wendet sich zu „der Kindlichen“ und flüstert ihr etwas ins Ohr, woraufhin diese über das Geländer steigt, sich ins Wasser gleiten lässt und auf dem Rücken liegend mit ausgebreiteten Armen langsam hinabsinkt.
Da „die Erwachsene“ bisweilen Apnoe taucht, will sie ihr nachspringen, um sie zu bergen. „Die Bösartige“ verwickelt sie listig in ein Gespräch. „Lass sie doch“, sagt sie verschwörerisch. Die Sekunden verstreichen. „Die Erwachsene“ lässt sich einlullen und hat schließlich das Gefühl, völlig gelähmt zu sein und mo-

mentan nicht gut tauchen zu können. Sie zögert und noch immer redet „die Fiese" ganz sachlich auf sie ein. In dieser Situation endet der Traum.

Ich wache mit Sonnenstrahlen auf. Sie schleichen sich durch die Ritzen der Jalousie, tanzen in meinem Gesicht, es ist hell und ich lächle. Seltsam, denke ich, ich habe eine Ahnung von Hoffnung nach diesem bösen Traum. Schleunig schreibe ich alles auf und nehme es mit in den Termin. Als der Professor und ich uns in diesen Traum vertiefen, stellt er mir Fragen. „Wie geht es weiter?" Ich versuche, hinter die Türen in den Etagen zu schauen, doch das ist nicht möglich. Er fragt, was „die Fiese" zur „Kindlichen" gesagt hat, aber auch darauf finde ich keine Antwort. Dann fragt er, was mit „der Kindlichen" passiert, wenn „die Erwachsene" sie nicht rettet.

Ich schaue auf die leere Wand mir gegenüber, versenke mich zurück in dieses Bild. Wie ein Film läuft alles weiter. Ich spüre, wie die blonde, kindliche Frau unaufhörlich weiter und tiefer sinkt. In aller Seelenruhe geht es abwärts. Es fühlt sich so erstaunlich friedlich an, so frei. „Ich bin es", ahne ich unbekümmert und plötzlich bin ich sie. Gemächlich erreiche ich den Grund, der licht ist, idyllisch und still.

Da spüre ich, dass „die Kindliche" eine unerwartet große Kraft in sich trägt, sie stößt sich, nein ich allein stoße mich mit meinen Füßen vom Boden ab und schwimme aus eigener Stärke wieder komplett bis zur Wasseroberfläche hinauf.

„Das Böse", sagt der Professor, „ist nicht bloß schlecht, es hat seine ganz eigene Kraft." „Die Boshafte", bei der es scheint, dass sie „der Kindlichen" nach dem Leben trachtete, hat provoziert, dass „die Kindliche" ihre innere Stärke entdeckt.

## Lebenssinn

Doch wozu Stärke?
Ich habe nichts, wofür ich leben kann. Keinen Sinn, keine Erwartungen, keine Pflicht fordert mich heraus.
Die Einsamkeit bohrt sich tief in mich hinein. Gnadenlos stellt sie mir Fragen, auf die ich keine Antwort finden will.
In meinem Kopf wälze ich Ideen hin und her. Ist das ein Zeichen von Energie oder bin ich bloß verirrt, wie die Gedanken, die mich in jede Ecke treiben und gleich wieder zurück? Ich erwäge, bedenke, verwerfe, prüfe, forsche, beobachte und zweifle, suche, renne wild umher zwischen meinen grauen Zellen. Hier eine Erkenntnis und dort ein geistiger Flickenteppich, ohne Beziehung, ohne Bezug. Wieder und wieder begegnen mir Mütter, die ihre Kinder im unaufhörlichen Starren auf ein beliebig großes Display zu vergessen scheinen. Oder diejenigen, die kein Lächeln, kein aufmunterndes Wort für ihren Nachwuchs übrig haben. Immer mehr entwickle ich eine Abneigung gegenüber diesen Müttern und unterstelle ihnen Mutterschaft aus Eigennutz: Haben sie ein Kind bekommen, um dem Arbeitsüberdruss zu entfliehen oder um ihre Partnerschaft neu zu beleben? Wollen sie einen Mann, der sich schon abwenden wollte, an sich ketten? Oder geht es um die gesteigerte Wichtigkeit ihrer Person oder einen Sinn für das eigene Leben?

*Was ist der Sinn meines Lebens?*

In diesen gedanklichen Krater rutsche ich noch tiefer, als es nach vielen Jahren zu allergischen Komplikationen bei den monatlichen Infusionen kommt. Wochen der Ungewissheit folgen. Es belastet mich. Auch, dass ich noch weitere Untersuchungen und Spiegelungen in meinen überstrapazierten Innereien überstehen muss. Ich bin genervt und aller Dinge so überdrüssig. Ich bin meines Daseins überdrüssig.

## Gedankenstrudel

„Lass uns rausgehen, etwas unternehmen", schlägt Adrian vor und wir gehen ins Kino, wo wir einen fiktionalen, immer exzessiver werdenden Film schauen, der sich um Wahrnehmung, menschliche Intelligenz und den Mythos dreht, der Mensch nutze nur zehn Prozent seiner geistigen Fähigkeit. Der laute, hektische Streifen schreckt mich so ab, wie er mir nahekommt. Auch hier im Saal hocke ich wie unter einer Glasglocke, wie ein Fremdkörper in der Welt. Tausend Geräusche bedrängen mich, Schwingungen und Licht, dieses Knistern der Tüten, diese törichten Bemerkungen, wenn auf der Leinwand jemand stirbt oder eine Frisur nicht gut sitzt, das grellwechselnde Licht, der Geruch von Chips, Schweiß und Popcorn, das Zittern meines Sitzes, weil sich weiter hinten jemand bewegt.
Diese unerträglich einsame Fremdheit in dieser bizarren Welt. Und als Adrian und ich dann zum Auto zurückgehen, begegnen uns Unbekannte, deren ungeniert vor sich ausgebreitete Geistlosigkeit ich schon von Weitem fast körperlich spüre und es schüttelt mich. Ich schätze sie gering, anders und doch wie mich selbst. „Hört auf damit!", will ich sie anbrüllen. „Ich ertrage euch nicht! Ich ertrage nicht euer dümmliches Geschwafel von Nagellack und Ballerspielen. Ich halte eure Banalität nicht aus!" Ich schäme mich für meine Überheblichkeit. Ich spüre, wie die finstere Macht meines Inneren sich meiner Gedanken bemächtigt. Schnell gehen wir an der Gruppe vorbei und nach einigen Metern drehe ich mich um.

Achtlos zertreten sie die Blumen am Wegesrand.
Auf der anderen Straßenseite prahlen welche lauthals damit, wie jung das wertlose Ausländerkind in der fernen Fabrik hat sein müssen, damit ihre Hose so billig war.
„Merkt ihr es denn nicht, dass wir alles kaputtmachen? Geht euch das alles nichts an? Wer gibt euch das Recht, so teilnahmslos zu sein?“, will ich schreien. Und bleibe doch sprachlos.
Ich ertrage diese Menschen nicht.
Und ich beneide sie fast um ihre Einfachheit. Sie leben ihr Leben mit einer unbeschwerten Oberflächlichkeit, sie entdecken leicht etwas, was sie amüsiert, sie finden ganz selbstverständlich ihren Platz. Sie sorgen sich darum, ob sie pünktlich zu ihrer Lieblingsserie zu Hause sind, sie tragen nicht Sorge für den Zustand der Welt. Und nebenbei fliegt der Müll dessen, was sie als Essen bezeichnen, aus dem Autofenster.
Ich will anders sein als sie und besonders. Alles außer gewöhnlich wie sie. Und dennoch: Wie gerne wäre ich normal! Immer war ich in stetiger Panik, in mir könne ein jeder nur solch ein blondes Dummchen sehen. Stets bin ich in Sorge, dass am Ende tatsächlich ich die einzig Dumme bin, die einfach nicht zu leben versteht.

## Das Experiment

Das perfekte Gleichgewicht der Natur bringen wir Menschen achtlos ins Wanken. Warum bloß hat die Perfektion der Natur vor dem menschlichen Verstand Halt gemacht? Wie klein wir doch sind. Schachfiguren in einem Spiel, das wir nicht überblicken. Diese sinnfreie Vergeblichkeit des Daseins, des Wider und Wieder. Ich frage mich, ob die Fortpflanzung, dieses end-

lose Weiter, der einzige Grund für die Existenz unserer Spezies ist.
Mir scheint, als sei unser Leben wie die Modelleisenbahn einer großen, unsichtbaren Macht. Vielleicht ist die Welt ein umfassend angelegtes Experiment, um herauszufinden, wie lange die stabile Balance zwischen Böse und Gut existieren kann? Der Mensch rüttelt hart an dieser Waage und hat den Anspruch auf die Schöpfungskrone, die er sich selbst zugesprochen hat, längst schon verspielt.
Überall wittere ich Verrat, fürchte alles und mich. Und ich mittendrin im Morast. Verderben, Abschaum, Schmutz. Zerstörung, Konflikte, Gewalt. Eine Horde als Kind gepeinigter Erwachsener, die heute gemeinsam die Welt unterjochen. Und ich frage mich, ob es noch keiner bemerkt hat? Oder sind sie alle klüger, weil sie die Unabwendbarkeit des Untergangs, die Sinnlosigkeit des Lebens einfach hinnehmen und sich ihren Raum, ihre Zeit so angenehm wie möglich machen? Die Gleichgültigkeit ist gewaltig, doch noch stärker ist der Hass, weil er keinerlei Skrupel kennt. Wie ein einziges Wort alles vernichten kann, kann ein einziger Tropfen Unmengen an Wasser vergiften oder die reglose Masse der Gleichgültigkeit.
Wozu diese verdammte Therapie, wenn alles dadurch nur noch schlimmer wird? Jeder schon früher gedachte Gedanke, jeder Zweifel wird wieder in mein Bewusstsein geschleudert. Sorgenvolle Angst pocht von innen an meine Schläfen. Drehe ich nun völlig durch? Ist es Zeit für Chemie? Sollte ich Medikamente nehmen, die meinen Wahn erdrücken? Mein Stolz verweigert es mir. Mein Bewusstsein will in Klarheit alles durchleben, alles durchleiden und nichts, was die Sinne betäubt.
So muss mein Verstand leisten, wozu mein Gefühl nicht fähig ist. Und Adrian ist da, stellt wieder die richtigen Fragen: „Reicht dir nicht deine eigene Last, musst du auch noch alle Probleme

der Welt als die deinen empfinden? Du kannst die Welt nicht retten. Nicht allein. Und so schon gar nicht."
„Ich will es aber", heischt es in mir. Und doch: Die Unmöglichkeit dieser Aufgabe zerreißt mich. Und besänftigt mich zugleich.

*Heute ist noch immer nicht der Tag, an dem ich aufgebe.*

## Parallelwelt

Der Vorsatz, mich aufzuraffen, kostet mich viel Energie. Irgendwie aber muss es schließlich und einfach weitergehen. Ich durchforste Stellenanzeigen, empfinde mich als zu klein dafür, will mir und denen beweisen, dass ich nicht dumm bin. Nach jeder Absage schreibe ich in die nächste Bewerbung noch mehr meiner Kenntnisse hinein. Vielleicht, denke ich dann hoffnungsvoll, finde ich in meinem Postfach eine Zusage, eine Einladung zu einem Gespräch?
Versehentlich hat mein Vater eine kleine Nachricht, die meinem Bruder zugedacht war, an mich geschickt. Als Gruß darunter sehe ich, staunend, fassungslos, perplex: „Ich wünsche dir einen schönen Tag, mein liebes Kind, dein Papa." Mein Atem stockt. Unter seinen Mitteilungen, die ich bekomme, steht lediglich ein schlichtes „Gruß, Papa". Manchmal sogar nicht einmal das. Es gibt sie also noch immer, die Parallelwelten. Ich hatte sie vollkommen vergessen, verdrängt. Nun muss ich erkennen, dass sie noch immer existieren, seit fast dreißig Jahren unverändert.
Was passiert noch im Hinter- oder Untergrund, welche versteckten Realitäten gibt es, von denen wir nichts ahnen?

Jeder Millimeter meiner Haut ist mit aufgestachelten Härchen bewehrt. Trotzdem ist alles wieder da. Machtlos, haltlos rase ich durch das Universum, wie ein Ballon, aus dem, wenn losgelassen, schrill die ganze Luft entweicht. Ich bleibe hängen, ecke an, überschlage mich. Ich spüre, dass ich in mir nichts halten kann, ein instabiles, ätherisches Gebäude, eine schlaffe leere Hülle ohne Gerüst. Es gibt in mir keine feste Basis, keine Verortung, kein Heim. Ich bin nur ein Weg ohne ein Ziel, mein Dasein ist das sinnentleerte Absitzen der Stunden. Es gibt weder ein sicherndes Netz von Freunden noch Glanzpunkte im Lauf meines verrinnenden Lebens, nicht einmal Reproduktion.

*Nichts mehr fühl'n,*
*nichts sein.*

So bleibt es nur ein bloßes Weitermachen, nur ein unaufhörliches Drehen desselben Rades, das nicht zum Lebensinhalt taugt.
Die Wiederentdeckung der Parallelwelten lässt mich nicht los. Ist meinem Vater bewusst, dass er sie aufrechterhält? Macht er es aus Vorsatz oder Impuls? Ist es Spiel oder Strategie? Was ist seine Wahrnehmung, Wirklichkeit, Wahrheit? Wenn Wahrheit eine mit der Wirklichkeit übereinstimmende Behauptung sein soll, wie kann es dann Wirklichkeit geben, die nur auf Wahrnehmung beruht? Ist Wahrheit ein exakter Punkt oder ein Gebilde aus vielen Seiten und Dimensionen? Was ist wirklich und wahr?

## Meine Eltern

Erst wenn ich weiß, wo ich stehe, weiß ich, welchen Weg ich gehen muss, um an ein Ziel zu gelangen. Ich sehe also meine Eltern an und blicke mich um in ihren Familien. Fast geblendet vom Scheinwerferlicht, das von ihren Bühnen hinüberstrahlt, senke ich den Blick. Flach, wie ich selbst nun am Boden liege, sehe ich durch einen schmalen Spalt unter deren Vorhang hindurch.

Wie viel Schmerz gab es auch bei ihnen hinter den Kulissen, wie viel Vorwurf und Zorn? Wie viel ungelebtes Leben, das ein Fremder nur erkennt durch dieses kaum wahrnehmbare Zucken ihrer Augenbraue, diesen veränderten Tonfall, dieses eigenartig platzierte oder leicht überzogene Wort, dieses Atemholen, das etwas tiefer als üblich war? Ich sehe Großeltern, Tanten und Onkel, Cousinen und Cousins, die unglücklich waren und sind, krank oder gebrochen, auf fast verstohlene Art besonders scharfsinnig und eloquent. Dieser Klugheit zum Trotz sehe ich rätselhaft unebene Lebensläufe, Verzweiflung, Verachtung, Enttäuschung, schwelende Wut und tückische Scham. Ich sehe Verwandte, die abgeschnitten sind von all den Optionen ihres Lebens, und welche, die ihre übersteigerten Sinne und ihren Schwermut zu betäuben versuchen. Ich sehe Verwandte, die weit fortgehen, wo sie sich langsam entfalten. Und je weiter einer aus der Reihe der Konformität und Zurückhaltung tanzt, desto abschätziger spricht man über ihn.

Viele reden mehr über die Abwesenden als miteinander und so bleiben Wahrheiten nur halb und Erkenntnisse auch. Haben wir uns nicht gegenseitig immer wieder etwas vorgemacht? Bin auch ich reingefallen auf euer Spiel? Sind nicht einige von euch auch so zerrissen zwischen Soll und Sein wie ich?

Da sind Traumata und da ist Last. Und ich höre, ganz deutlich, das Schweigen.

*Es ist alles schon da.*
*Überall.*
*Das war es schon immer.*
*Nur was, was ist diese Qual?*

Verdichtet, potenziert, verwandelt, in immer neuen Formaten. All das verborgen, hinter dem Glanz von Titeln und Namen, versteckt hinter den gutbürgerlichen Fassaden, hinter dem geschulten Lächeln im Blick.
Meine Eltern erlebten Ähnliches wie ich. Und womöglich wollten sie mit ihrer Härte nur verhindern, dass ich ein genauso böses, unwertes Kind werde, wie sie es offenbar auch für ihre Mütter und Väter gewesen sind? Bekämpft man das, was man bei sich selbst bekämpft, nicht auch bei seinem Kind?
Meine Eltern erlebten beide selbst eine sehr ungleiche Behandlung von Geschwistern, auch sie erlitten Arten von Gewalt und Demütigung, Verachtung durch andere und sich selbst. Sie mussten sich ebenfalls verstellen und anpassen und sie kannten die Angst. Zuerst also waren sie selbst Opfer.
Und dennoch war es ihre Entscheidung. Sie hatten drei Wege zur Wahl, mit ihrer Vergangenheit umzugehen:
Sie konnten es selbst ganz anders machen und jedes ihrer Kinder liebevoll beschützen. Oder sie konnten passiv bleiben, zwar keine Gewalt verhindern, aber auch nicht selbst gewalttätig sein. Oder drittens, selbst zu Tätern werden. Meine Eltern entschieden sich für Lösung drei. Sicher ohne Reflexion, ohne Vorsatz. Sie sind im Gewirr ihrer eigenen Gefühle von ihrer kindlichen Opferrolle auf die andere Seite gestürzt. Haben sich

erst Jahrzehnte später Zeit und Raum genommen, sich selber und alles zu spüren und zu verstehen.
Wann macht eine Generation den entscheidenden, entschiedenen Schritt, den Teufelskreis zu durchbrechen, nicht Täter, nicht duldender Zuschauer, sondern aktiver, schützender Nicht-Täter zu sein?

*Waren meine Eltern Opfer?*
*Waren ihre Eltern Täter?*
*Waren meine Großeltern Opfer?*
*Waren ihre Eltern Täter?*
*Wann fing es an?*
*Wann hört es endlich auf?*

## Der Boxring

Tief in mir arbeitet sich die Erkenntnis in mein Bewusstsein, dass ich mir weder Glück noch Freude noch Erfolg wert bin. Und ich frage mich, ob es sein kann, dass ich nicht will, dass es mir gut geht. Schließlich wäre das Bestätigung, dass alles nicht so schlimm, nicht schädlich war.
Als ich bei meinem nächsten Termin vor ihm sitze, erzähle ich dem Professor von der Frage, ob es mein Ziel sein könne, als Opferlamm ein schlechtes Gewissen zu erzeugen. Und dass dies für mich bewiese, dass ich rachsüchtig und böse sei.
„Wie sieht denn diese Situation in Ihrer Fantasie aus, welches Bild steht dafür?“, fragt mein Therapeut.
Ich sehe einen Boxring, hell beleuchtet, das Publikum ist ins Dunkle getaucht und ausgeblendet. In der Ecke mir gegenüber steht ein Monster, dessen Gesicht ich nicht erkennen kann. Ich

sehe nur die zotteligen Arme und Beine, die Krallen an den Füßen und Händen, und ich sehe, dass das Monster größer ist als ich.

Der Professor versucht, meine Aufmerksamkeit auf das Gesicht zu lenken, aber es will mir nicht gelingen, es anzusehen. Meine roten Boxhandschuhe hängen an mir herunter, motivationslos, unfähig zu einem Schlag. Ich komme nicht weiter und verharre erschöpft in diesem trostlosen Bild. Wir brechen den Termin ab, ich gehe hinaus auf die Straße, und als ich an einer Ampel stehen bleibe, geht meine Fantasie weiter. Plötzlich sehe ich, dass sich mein Gegner, das Monster, als Hexe entpuppt. Der Anzug, in dem sie sich verkleidet hat, liegt auf dem Boden. Die Hexe ist nun so groß wie ich selbst, hat eine lange spitze Nase und dürre, knorrige Finger. Ihre Augen blitzen wild und ich wage nicht, sie anzurühren.

Als ich im Zug sitze, zücke ich mein Notizbuch und schreibe alles auf.

Bei der nächsten Sitzung leitet mich der Professor weiter in diese Imagination. „Schauen Sie der Hexe ins Gesicht“, fordert er mich auf. Angsterfüllt blicke ich ihr entgegen. Ich sehe glühende Augen und ich sehe das Böse. Ich sehe eine flammende Masse, die wie eine Wand aus Lava auf mich zuschleicht, panisch bemerke ich, wie sie mich zäh überzieht. Fast will ich schreien, davonrennen. Ich bekomme keine Luft! Ich werde verbrennen, verderben, vergehen! Doch als sie mich schließlich vollkommen umschlingt, ist plötzlich alles ganz leicht. Ich fühle mich, als hätte ich einen Schub voll Energie bekommen.

Ich bin irritiert. Erklären mir meine Visionen erneut, dass das Böse, vor dem ich mich so fürchte, nicht einfach das Böse ist, sondern auch Kraft und Energie?

## Ist Zukunft möglich?

Ich will! Und doch reicht Wille nicht. Wozu brauche ich die Kraft, wieder aufzustehen, wenn ich mein Ziel nicht kenne? Wozu die Energie, loszugehen, wenn ich die Richtung nicht weiß?

Alles ist geblieben. Auch sie sind noch da, meine alten Eltern, die Eltern meiner Kindheit. In jeder Faser. Ich werde sie nicht los. Warum nur, wenn doch mein Kopf das Vergangene ziehen lässt, rumort es noch so sehr in mir? Sind es etwa nicht sie, die ich nicht loswerde? Bin ich es selbst? Ich werde mich nicht los?

Jeder Moment ist ein Kampf mit den Dämonen, die mein Inneres bewachen und jederzeit ausbrechen können, dies Ringen kostet meine Energien. Sie warten nur auf die Gelegenheit, wenn ich die Kontrolle verliere. Seit ich die gewaltige Kraft des Bösen kenne, steigt meine Angst mir zur Kehle empor. Wieder und wieder weine ich um das kleine Kind, das ich nicht retten konnte. Und ich schäme mich für die erwachsene Frau, die sich noch immer nicht helfen kann. „Urvertrauen", hat der Professor gesagt, „Ihnen fehlt Urvertrauen."

Ich traue mir nicht, ich vertraue mir nicht. Mein Kopf findet keinen Kontakt zu meinem Herzen. Mein neu gewonnenes Wissen schafft es nicht, Fühlen zu werden. Ich sehe kein Ziel. Aber mit jedem schweren Schritt verändert sich die Perspektive.

*Andere Perspektiven, jeden Tag.*
*Jeden Tag.*
*Auch heute.*

Adrian ist da, noch immer, und er hält meine Hand. Geduldig wartet er ab und gibt mir den Raum, mich zu entwickeln, nachzuholen, was in den ersten Jahren meines Lebens versäumt wurde. Er ist die Stärke in meinem Rücken, die Sicherheit in meinem Herzen, der Mut meiner Gedanken. Nur ist all dies ein fragiles Gebilde. Weil es sein Mut, seine Stärke und Sicherheit sind, und nichts davon ist in mir.

*Versagt dein Herz mir das,*
*was ich so nötig brauche,*
*Güte, Nachsicht, Fühlsamkeit,*
*was Raum und Zeit und Trost mir gäbe*
*und tiefe, innre Sicherheit,*
*bin ich verloren und ich wanke.*

*Hältst du mich nicht, so falle ich.*
*Entzwei in meine Teile.*
*Den Leim Vertrauen misse ich.*
*Noch immer.*
*So schenk ihn mir, ich bitte dich.*
*Und halte mich noch eine Weile.*

## Etiketten

Ich bin nicht mein Lachen, nicht die Tränen meiner Augen, nicht meine Frisur und nicht das, was ich trage. Ich bin nicht das, was ich tue, nicht das, was ich sage, nicht alle Worte, die ich niederschreibe auf das Blatt vor mir. Ich bin nicht das, was ich meine, nicht das, womit ich meine Zeit fülle, die langsam neben aller Eile um mich in aller Zähigkeit zerrinnt. So hastig und zäh, dass ich es nicht fühle, dass auch das, was ich fühle, nicht ich bin.

*Ich tue ich.*
*So, wie ich mir mich denke.*
*So, wie ich die Erwartungen interpretiere.*
*So, wie die Gesellschaft Normen, Normalsein bestimmt.*
*Und wenn ich in einer seltenen Sekunde des Innehaltens heraustrete aus mir, so will ich all das gar nicht sein.*
*Nur habe ich mein Was oder Wie noch nirgends gefunden und verliere mich wieder im Strom dieser Zeit.*

Keine Idee und keine Hoffnung mehr. So mache ich weiter, so zu sein, wie ich mir mein Ich denke, um leichter zu machen, was niemals leichter sein kann. Werde ich mich je verstehen?
Ich fühle mich wie ein fehlinterpretiertes Gedicht, wie seziert, in vorgefasste kleine Stückchen, die ich erst mühsam suchen und zusammensetzen muss, um mich als Ganzes wahrzunehmen. In jeder Dimension.
Bis ich alle Etiketten entdecke, die mir offen oder versteckt in meinen Leib und meine Seele eingenäht worden waren, vergehen so viele Jahre. Zu gut sind sie verwachsen mit meiner damals noch so jungen Haut.
Ich mühe mich, ein Puzzle zusammenzusetzen, das nicht zum Bild auf dessen Schachtel passt, als wollte ich mich in einer Wohnung orientieren, für deren Grundriss ich einen falschen Plan bekommen hätte. Nichts will so recht zusammenpassen, nichts entspricht meinen Erwartungen, nichts den Behauptungen anderer. Wenn ich so schlau wäre, wie meine Eltern behauptet hatten, warum scheitere ich dann immer wieder an mir selbst?

## Höhlengrab

Ich liege im Bett und grüble und kann nicht schlafen. Meine Gedanken kreisen, alles dreht sich. Stundenlang liege ich wach. Also versuche ich, mich einzurollen, wie früher, so wie der Vater uns in unsere Bettdecke einwickelte, wie in einen schützenden Kokon.
Und dann denke an die beruhigend dunkle Felsenhöhle, in der ich als Kind in Gedanken lag. Hier war es kühl, mächtige Steine umgaben mich und alles war grau. Es gab keine Laute, weder Nässe noch Wind, doch auch kein Lichtstrahl verirrte sich hierher. Ich wusste nie, wie ich hineinkam. Ich habe mich nie bewegt. Einen Ausgang habe ich nicht gekannt, ich suchte ihn nie. Nur hier fühlte ich mich sicher und geschützt.
Hier fühle ich mich noch immer zu Hause. Mit diesem Gefühl, mit diesem Gedanken schlafe ich ein. Als ich dem Professor davon erzähle, nennt er es ein Grab. Ich bin schockiert. „Ein Kind stellt sich vor, im Grab zu liegen. Erst dann wird es ruhig und schläft", resümiert er entschieden. Da läuft mir ein Schauer über den Rücken.

## Der Käfer

Adrian ist unterwegs zu einem Klienten. Wäre er hier, würde ich mich in seine tröstenden Arme werfen. Nicht einmal anrufen kann ich ihn, weil der Termin noch Stunden dauern wird. Ich tigere durch unsere Wohnung. Seit Jahren gibt es keinen Fernseher mehr, der mich jetzt ablenken könnte, ich habe keinen Hunger und das Brot für morgen habe ich auch schon gebacken. Adrian würde sich nun sein Rad greifen und durch die

Berge rasen. In den letzten fünf Jahren, in denen wir nun hier wohnen, fuhr ich selbst immer weniger. War ich in der Ebene Adrian ein fast gleichwertiger Trainingspartner, hing ich am Berg mit einer zentnerschweren Last hinter ihm her. Nie stieg ich ab, aber immer mehr scheute ich diese Qualen. Alles, was nicht natürlich leicht für mich ist, umgehe ich, beiße nie die Zähne zusammen, um mich selbst zu überwinden. Ich bewundere Adrian für seine Selbstdisziplin und werfe mir den Mangel daran vor. Also schnappe ich mir meine Laufschuhe und trotte gemächlich los. Jede Krankheitsphase wirft mich in meiner Kondition zurück und auch jetzt muss ich wieder aufstehen, neu beginnen, obwohl ich schon so müde bin.

Es hat geregnet in der letzten Nacht und überall säumen Schnecken meinen Weg. Mein Blick heftet sich auf den Boden, um keine von ihnen grausam zu zertreten. Fliegen surren umher und die von Tropfen beschwerten Blüten wiegen sich im leisen Wind. Als ich das Tal unter unserem Haus erreicht habe, biege ich ab auf den schmalen Weg, der sich am Flusslauf entlangzieht. Auf dem hellen Sand sehe ich einen riesigen, schwarzglänzenden Käfer. Ich komme näher, er bewegt sich nicht. Ich beuge mich ein wenig zu ihm hinab und sehe, dass sein Körper zur Hälfte fort, wie aufgefressen ist. Innen sieht er schon ganz hohl aus. Er liegt so da, regungslos und voller Fliegen. Diese scheuche ich weg, mehr kann ich für ihn und seinen leblosen Körper nicht mehr tun und gehe weiter. Plötzlich ruft mich ein Unternehmen, bei dem ich mich beworben hatte, auf dem Handy an, schnell muss ich zurück nach Hause, an den Schreibtisch. Ich wende mich um und nach wenigen Metern sehe ich diesen Käfer. Er lebt noch, stelle ich voll Erstaunen fest, er hat sich aufgerappelt und flüchtet mit langsamen, tapferen Schritten ins Gras. Er will leben, einfach leben und er kämpft dafür!

Wenn dieser kleine, geschundene Käfer einen so starken Willen hat, kann ich es auch.

## Giftkapsel

Die Therapie bestimmt meinen Alltag und meine Träume. Immer wieder steige ich in meinen Gedanken hinab in meine graue, dunkle, kalte Höhle. Ich bin dort, reglos liege ich da, in meinem Grab.

„Vielleicht bin ich nicht in der Höhle, vielleicht ist diese Höhle ja in mir?", erwäge ich, als die nächste Sitzung beginnt. In meiner Magenhöhle, die mich in mir gefangen hält? Und schon stolpert meine Fantasie weiter und ich sehe eine Kapsel aus Metall mit wunderschönen Beschlägen, sie sieht aus, wie ein antikes Gerät aus der Schifffahrt. Ich sehe darin ein rosafarbenes Pulver, ich weiß, es ist eine Kapsel voller Gift. Ich will sie weglegen, in eine Wiege, die dort hinten in der Ecke steht. Vorsichtig lege ich sie ab.

Der Professor fragt mich, ob ich die Kapsel öffnen kann. Ich kann es nicht. „Woher wissen Sie dann, dass es Gift ist?"

„Ich bin mir ganz sicher", wehre ich jede andere Möglichkeit ab.

„Vielleicht", schlägt der Professor vor, „kann ein winziges Männchen in einem Sicherheitsanzug ins Innere klettern und eine Probe der kleinen Kristalle entnehmen?" Meine Gedanken versuchen es. Und ich sehe, wie diese kleine Figur mit einigen glitzernden Kristallen wieder herauskommt. Es legt mir die Körnchen in die Handinnenfläche. „Probieren Sie", fordert mich der Professor auf. Vorsichtig tupfe ich eines von ihnen auf meine Fingerspitze und lege es mir auf die Zunge meiner Fantasie. Es schmeckt salzig.

Und unvermittelt wird mir klar, dass es kein Gift, sondern die Würze des Lebens ist, die in geringer Dosis zum Leben dazugehört. Dreimal hat meine Fantasie jetzt bekundet, dass die Furcht vor dem Bösen nicht berechtigt ist.
Kann ich meiner Fantasie vertrauen? Wie viele Hinweise brauche ich noch, um es zu wagen, hinzusehen?

## Der Sprung

Am nächsten Morgen träume ich, wie ich vor einem Sprungbecken stehe und vom Beckenrand hinabtauche. Doch ich habe noch nicht genug Schwung und steige wieder heraus. Ich will mit einem Zug bis zum Boden, das nehme ich mir vor, dann wenden und direkt mit einem Zug wieder nach oben.
Ich atme ein, versammle alle Entschlossenheit in mir. Keine Bedenken vor Kälte und Versagen halten mich davon ab. Und ich springe und lasse mich mit einem Zug bis zum Boden des Beckens gleiten, ich wende kraftvoll, stoße mich aus der Hocke ab, ganz gerade gestreckt schwimme ich in einem Zug wieder nach oben. Ich spüre kein Kältegefühl, nur eine souveräne, flüssige Bewegung. Und als ich wieder oben bin, empfinde ich Kraft, Energie und ein sicheres Triumphgefühl.
Doch wozu dieser Traum, warum dieser Zug in die Tiefe und wieder hinauf? So sehr wollte ich allen stets beweisen, dass ich doch gut bin, dass ich darüber vergaß, gut zu mir zu sein. Je krampfhafter ich danach strebte, je höher meine Ideale waren, desto aggressiver kämpfte ich. Ich bekämpfte mich selbst. Das Böse, das ungelebte Dunkle, die Halbheit wütete in mir. Immer schlimmer wurden meine Hasstiraden auf mein unperfektes

Ich, ich grenzte mich aus, schlug mich, verachtete mich immer mehr.
Jetzt langsam wird mir klar: Idealismus, Überhöhung fordert Opfer.

*Es wird nicht alles gut, indem ich gut bin, sondern ganz.*

## Hoch drei

*Ganz sein. Wozu?*
*Mir fehlt mein Sinn,*
*und ein Zuhause.*

Wenn ich hierbleibe, brauche ich einen Sinn, den mein Leben hier erfüllt, den ich nur aus mir heraus erfülle, weil es kein Kind gibt, das mir diese Aufgabe abnimmt. Mit jedem tastenden Schritt erweitere ich meine Erwartungen.
Immer mehr Ideen stürmen auf mich ein. Was soll ich tun? Was kann ich wirklich, was will ich bestimmt? Alles, was mich reizte, alles, was mir Spaß machte, alles, von dem ich dachte, ich könne es, wurde mir konsequent verdorben. „Ihre Mutter war eifersüchtig auf Sie", hatte der Professor behauptet und ich wollte es nicht glauben. Ich werde zum Archäologen meines Selbst, ich grabe, schürfe, wühle.
Wenn ich bisher dachte, all meine Sinne seien wie angespitzt, weil ich sie damals so sehr zum Überleben brauchte, entdecke ich nun die Hochsensibilität. Und ich beginne, mehr zu verstehen, mich besser kennenzulernen, meine Gefühle, meine Gedanken, meine Ängste, mein Anderssein in einem anderen

Licht zu sehen. Wenn dieses besondere Empfinden vererbbar ist, finde ich erste Erklärungen für die Außergewöhnlichkeiten in meinen Familien.

Ich lese und lese, von der Unerträglichkeit des Seins in dieser Welt, die von denen gemacht ist, die normal und durchschnittlich fühlen. So vieles wird klarer, alles noch nicht. Weiter bleibt da diese alte, zentnerschwere Frage:

Woher stammt, Energie hin oder her, die grausige Wirklichkeit des Bösen in mir?

Vielleicht waren all meine Wege für mich einfach die falschen und ich nicht geeignet dafür? Vielleicht kann ich meinen Weg nicht finden, solange ich mich selbst suche?

Auf der Suche nach einem neuen Weg, der mich vielleicht nur übergangsweise füllt, fordert und mit dem ich mir einen Wert geben, etwas verdienen kann, begegne ich der Möglichkeit, meine Begabungen zu testen. Von vielem kann und tue ich ein wenig, nur habe ich keine Fähigkeit je bis zur höchsten Vollendung ausgebildet. Wenn ich es recht bedenke, habe ich mich nie für etwas angestrengt, mich nie wahrhaftig um etwas bemüht. Wurde etwas fordernd, rannte ich davon. Ich lernte nie, arbeitete nie wirklich hart. So war ich meist sehr gut in dem, was ich tat, aber nie brillant. Hier ein bisschen, da ein wenig. Und nur nicht auffallen, nicht ganz bis in die erste Reihe. Niemandem den Platz dort streitig machen, nie jemanden brüskieren. „Madame, fühlt sich als etwas Besseres!“, kreischte ich mir selbst ins Ohr.

Als würde ich versuchen, zehn Bälle auf einmal zu fangen, so fühlte ich mich. Immer war ich unfassbar enttäuscht von mir, dass es mir nicht gelang. Ich verhöhnte mich selbst als Multidilettanten und wünschte mir so sehr, einseitig zu sein. Auf der Suche nach diesem ersehnten Einen, vertiefe ich mich nun in die Thematik der Begabungen. Vielbegabung. Hochbegabung.

Ich recherchiere, ich lese und staune. Diese Erklärungen für all meine Gedanken wären einfach zu passend, einfach zu schön. Ich frage mich, wie meine Melodie klingen würde.

Gleichwohl wage ich es nicht, mich zu testen. Zu sehr fürchte ich, dass das Ergebnis nur meine bauernschlau-listige Dummheit beweist.

## Scheidungsangebot

Ich lasse die Unterlagen liegen, ich kann es doch nicht schaffen. Nicht die ganze Last meiner eigenen Verfehlungen, Unentschlossenheit und furchtsamen Trägheit allein auf meinen Schultern tragen. Feige schleiche ich in Adrians Büro hinüber. Zuerst hatten wir uns einen Raum geteilt, in dem er seine Termine plante, per Telefon dringende Beratungen machte und in dem ich erst versuchte, für mein Unternehmen kreativ zu sein und später dann Lebensläufe schrieb. Doch seit einer Weile nutze ich überwiegend den Schreibtisch in Lottas Zimmer. Ich durchquere unser Wohnzimmer, in dem sich zwei unterschiedliche cremefarbene, große Sofas gegenüberstehen, vorbei an den wenigen alten Möbeln, die Adrian alle selbst aufbereitet hat. Die Sonne glänzt auf dem honigfarbenen Parkett und leuchtet den hohen Raum bis zum Dachfirst aus. Ich höre, wie Adrian ein Telefonat beendet. Nach seiner langen Suche hat mein Mann nun seine Erfüllung, seine Bestimmung gefunden und hatte sich in den letzten zwei Jahren schnell in seinem neuen Beruf etabliert. Ich bin noch nicht so weit, wie er gekommen ist. Ich kenne nicht einmal die Richtung. Und nun stehe ich, da ich meinen finanziellen Rahmen ausgeschöpft habe, mit dem Rücken zur Wand und habe keine Mittel mehr für den Luxus, eine Tätigkeit zu finden, die meine Suche nach Sinn erfüllt. Zögernd klopfe ich an seine Bürotür. Ich wünsche mir noch ein wenig mehr Zeit, etwas weniger Druck und ich möchte ihn bitten, eine Weile noch mehr Kosten zu tragen als bisher. Doch ich rede wie irrsinnig um den heißen Brei herum, weil ich weiß, wie er auf das Thema Geld reagiert. Bis ich zielsicher den Trigger aus seiner eigenen Geschichte treffe, der ihn in Wut versetzt.

Kein Wort ist mehr möglich, das Gespräch endet hier. Meine Frage habe ich nicht gestellt, meine Bitte nicht vorgetragen. „So viel“, zischt er, „habe ich in den letzten Jahren für dich und deine Ideen getan. Ich habe dich gestützt, dir geholfen, habe geduldig gewartet, wann du dich fängst“, und schränkt dann kopfschüttelnd ein: „Vielleicht zu geduldig.“ Er atmet schwer: „Du kannst so viel, doch du vergeudest all deine Möglichkeiten! Das kann und will ich nicht mehr ertragen!“ Dann herrscht Stille.

Auch wenn ich es nicht wissen will, weil ich es nicht aushalten kann, weiß ich, dass ich niemand anderen in Haftung nehmen kann als mich selbst. Auch wenn ich es mir zeitweilig wünschte. Denn dann könnte ich meiner Selbstverachtung ein wenig Nahrung entziehen. Doch ich war es, die in den letzten Jahren die falschen Schlüsse gezogen hatte. Ich allein war es, die die Richtung entschied, die, die weiterrannte, bis sich auch dieser Weg als irrig herausstellte. Lange. Dumm. Geblendet von jeder positiven Resonanz.

Und nun erwarte, nein, erhoffe ich mir Verständnis und noch mehr Hilfe? Welch eine Anmaßung! Adrians Ablehnung verletzt mich dennoch tief. Seine Wut macht mir Angst und Beschämung macht sich in mir breit. Das Gefühl meiner eigenen Erbärmlichkeit windet sich durch meine Eingeweide und blockiert meinen Atem. Abschaum, dieses Wort dreht in meinen Gedanken seine Kreise, wieder und wieder. Ich bin der letzte

Rest vom Geschmeiß. Ich habe das Gefühl, dass meine eigene Verachtung einen modrigen Geruch ausstrahlt, dass ich stinke, dass meine innere Verdorbenheit nach außen tritt. Ich senke den Blick, kann keinem Auge standhalten.

Wieder diese alles durchdringende Scham. Ich schäme mich für mich. Für mein Versagen. Für meine Unfähigkeit. Für meine falschen Schritte. Für meine Dummheit. Für meine Dreistigkeit. Ich schäme mich mit jeder Faser für jede von ihnen. Es ist, als wolle sich mein Inneres nach außen kehren, als wolle ich mich mir selbst überstülpen, in mir verschwinden, den Dreck, der ich bin, vertilgen, vernichten. Und mich gleichzeitig aus mir herauswürgen.

Du siehst mich nicht an.

Ich weiß, ich hoffe, dass du mich liebst.

„Du hast keine Ahnung, wie sehr", sagst du manchmal.

Ich sehe dich nicht an. Du weißt, dass ich dich liebe.

Aber wenn du mich nicht für mein Wesen verachtest, dann zumindest dafür, dass ich es selbst tue. Es tut dir weh, weil du Dinge in mir siehst, die ich nicht zu erkennen vermag.

Wir sind beide so müde. Ich davon, ich zu sein. Du davon, mich zu überzeugen, dass ich liebenswert bin und in mir noch viel mehr ist, Gutes und Schönes, für das meine Sicht meist nicht ausreicht. In deinem fahlen Blick sehe ich Scheu und Geringschätzung. Oder sind es nur meine eigenen Gefühle, die sich darin widerspiegeln?

Nach dem Schweigen einer Nacht und eines Morgens biete ich dir unter Tränen die Scheidung an: „Bring dich vor mir in Sicherheit!", schlage ich dir vor, um dich nicht mit in den Abwärtsstrudel zu ziehen.

Er ist die einzige Säule, die in meinem Leben noch steht. Ich will ihn nicht umreißen, indem ich mich mit aller Gewalt an ihn klammere, während ich schwanke. Er soll nicht für seine

Liebe und den Glauben an mich büßen. Wie lange kann seine Unerschütterlichkeit standhalten, bis mein Selbsthass unsere Liebe zerstört?, schießt es mir durch den Kopf.
„War die Scheidung eine spontane Idee oder hast du länger über diesen lächerlichen Vorschlag nachgedacht?", spottet er und verlässt den Raum.
So lange haben wir uns noch nie angeschwiegen. Wir halten Abstand, weichen einander aus wie fremde Gestalten, wie morbide Schatten, denen das Licht abhandengekommen ist. Gestern bist du stundenlang verschwunden, vor mir geflüchtet. Wenn ich das auch nur könnte. Jemand anderes sein und mich los. Aber ich klebe an mir und in mir, wie ein überwältigender Ekel. Langsam und mich selber bedrohend ziehe ich meine Wange an der rau verputzten Wand entlang und schlage, so unbemerkbar für Adrian wie möglich, meine Schläfe dagegen.

*Du bist mein Wunder*

*Dass du in meinem Leben bist,*
*Lässt mich an Wunder glauben.*
*Dein Glaube an mich ist mir Zuversicht.*
*Der Raum unserer Liebe schenkt mir Heilung.*
*Doch wie lange noch, kannst du mich tragen,*
*Willst du mein Wunder sein?*

Und wenn ich aus Angst vor Veränderung, vor Verschlimmerung regungslos verharre,
habe ich schon völlig vergessen, wie Adrian sich still, fast heimlich in all den Jahren, in denen wir uns vermissten, bewegt hat.
Und seither weiter jeden Tag in sich bewegt.
Wie lange kann er es noch ertragen, dieses Hadern, diese mannigfachen Fragen, diese Zweifel in mir?

Wie lange soll es noch so weitergehen, wie kann ein Gebäude bestehen, wenn auf einer Seite der Boden zu sinken beginnt?

*Noch bist du bei mir.*
*Doch immer weniger, immer trostloser.*
*Stunden verstreichen und Minuten zerfallen im Nichts*
*der Einsamkeit und ungesagten Worte.*

Ich versuche, mich zusammenzureißen, mich zu konzentrieren, auf die einzige Lösung für Klarheit und Normalität, auf einen neuen, festen Job. Als ich wieder nach Stellenanzeigen stöbere, steckt Adrian seinen Kopf durch die Tür und sucht das Telefon. Ich wende mich zu ihm hin, doch er schaut an mir vorbei. Ich wünsche mir, dass er hereinkommt, mich in den Arm nimmt und tröstet, mir sagt, dass alles wieder gut wird, dass alles gut ist. Doch er bleibt regungslos. Und schließt dann die Tür. Ich höre, wie seine Schritte sich langsam entfernen wollen. Jetzt halte ich es nicht mehr aus. „Adrian!" Ich habe Tränen in den Augen, als sein Gesicht wieder erscheint. „Ich vermisse dich!", presse ich heraus. Er sieht mich an. Dann lächelt er leise. Er kommt herein, legt sanft seine Hände an meine Wangen und küsst meinen tränenfeuchten Mund. Ich weine an seiner Schulter, in seinen Armen, bis ich so befreit bin, dass ich ihn ansehen kann.
„Ich liebe dich", sage ich leise.
„Und ich liebe dich", bemerkt mein Mann, „es hilft nichts." Und er zwinkert mir sanft zu.

## Eitelkeit

Nach fast einem Jahr Therapie stehe ich noch immer da und suhle mich in mir. „Ich bin der letzte Dreck, der größte Versager“, erzähle ich dem Professor. Und ich berichte von den schrecklichen Stunden der vergangenen Woche, voll gedanklicher Dauerschleifen, von Bewerbungsabsagen und dem steigenden Druck. Und dass ich nicht mehr weiterweiß und keine Perspektive sehe. „Geben Sie mir eine offene Rückmeldung“, bitte ich ihn, resigniert mich selbst betrauernd.

Er zögert.

„Zunächst einmal: Übernehmen Sie Verantwortung“, sagt er dann, während er seine Finger zum Zählen nach oben hält. „Zweitens, hören Sie auf, ein kleines Mädchen zu sein. Und drittens“, er schüttelt abwehrend den Kopf, „seien Sie nicht immer so nett.“

Beobachtend wartet er auf meine Reaktion. Ich überlege und lausche dem Gesagten nach.

„Verantwortung? Wie meinen Sie das? Ich bin mir dessen völlig bewusst, dass der Misserfolg meines Unternehmens und meiner Jobsuche allein meine Verantwortung ist“, widerspreche ich ihm.

Ich atme tief ein: „Ich habe aber auch die Befürchtung“, ergänze ich, „dass ich nun einen Job finde, der mir nicht gefällt, an einem Ort, an dem ich mich nicht wohlfühle und dass ich dann dort festkleben werde.“

„Nun“, entgegnet lächelnd mein Therapeut. „Sie sind nicht verwöhnt, nein, das kann man bei Ihrer Geschichte eigentlich nicht behaupten, aber in gewisser Weise müssen Sie auch einen leichten Start gehabt haben, so dass Sie meinen, es müsse sich alles ohne viel Zutun einrenken und fügen. Sie möchten, und das hat, verzeihen Sie, narzisstische Züge, dass Ihr Umfeld so

ist, dass Sie sich darin behaglich fühlen und entfalten wollen. Ansonsten warten Sie ab und schieben Ihr Leben auf. Sie verhalten sich gerade so, als hätten Sie unendlich viel Zeit."
„Puh", ich schlucke trocken, „nun bin ich auch noch ein Narzisst." In meinem Magen dreht es sich. „Wirklich, in bin der schlimmste Abschaum", erkläre ich so gemessen wie möglich und denke an die wiederkehrende Endlosschleife in meinem Kopf.
Leger wirft mir der Professor nun noch das Wort „Eitelkeit" als Antwort vor die Füße.
„Eitelkeit?", frage ich bestürzt und verwundert.
„Ja, es ist auch eine Art Eitelkeit, sich übersteigert als das Schlimmste oder Allerletzte zu bezeichnen."
„Dann hatten meine Eltern doch Recht", entgegne ich.
„Wollen Sie das? Wollen Sie, dass sie Recht behalten?", provoziert er mich weiter. „Sie geben ihnen eine Macht, die sie längst nicht mehr haben und die sie schon lange nicht mehr haben wollen. Es reicht! Hören Sie auf, das brave Kind Ihrer früheren Eltern zu sein!"
Ich spüre, wie wieder diese Übelkeit in mir aufsteigt, diese Scham: „Wie denn? Ich spüre, wie mich dieser Ekel vor mir selbst wieder überwältigt ..."
„Er überwältigt Sie nicht", höre ich dumpf durch den aufziehenden Nebel von meinem Gegenüber, „sondern Sie lassen es zu. Seien Sie nicht so passiv. Übernehmen Sie die Verantwortung für Ihre Gefühle. Nur Sie allein haben die Macht über sie."
Schlagartig reißt der Schleier ab. Schon will alternativ die Schleife der Peinlichkeit und Scham ihre Runden beginnen, aber ich lasse es nicht zu. Nicht vor ihm, das wäre dann erst recht peinlich.

*Ich schüttele dem Professor die Hand.*
*„Danke“, sage ich kurz, fast feierlich.*
*Ich habe etwas begriffen*
*und feiere einen kleinen Sieg.*

## Traumgestalten

In gewisser Weise muss ich auch einen leichten Start gehabt haben? Ist das ein Witz? Und doch hat der Professor zumindest damit Recht, dass ich von meinem Umfeld erwarte, so zu sein, dass ich mich darin behaglich fühle. Nur im Flachland gefällt mir das Radfahren und ich möchte eher umziehen, als mich mit den Gegebenheiten der Berge zu arrangieren. Ich denke mich für die Zukunft in eine Umgebung, die an meine Bedürfnisse angepasst ist, und denke gar nicht daran, mich Gegebenem zu unterwerfen. Woher aber rührt diese hohe Erwartungshaltung?
Ein leichter Start, denke ich, das ist doch lächerlich. Was war denn leicht in meiner Kindheit und Jugend und was ist es heute? Leicht waren nur meine Träume, in denen ich Prinzessin war, die hoheitsvoll den Wald durchschritt und lächelnd alle Bäume als ihre sich verbeugenden Untertanen grüßte. Ich war Blumenhändlerin, die in der Wiese sitzend, stundenlang kleine Sträuße band, für die sich ihre zahlreichen Kunden begeistert flügelschlagend bedankten. Ich war eine Reiterin, die verwegen mit ihrem Fahrrad, das eines ihrer drei edlen Pferde spielte, über die hohen Hindernisse aus Baumwurzeln auf dem Waldweg galoppierte und immer den ersten Preis gewann. Ich war ein armes Aschenputtel, das tapfer sein Leid ertrug, in der Gewissheit, dass irgendwann seine große Zeit kommen würde.

Als ich von Tistou mit den grünen Daumen las, war ich seine Schwester, die mit ihm und seinen zärtlichen Eltern in dem hellen, funkelnden Haus wohnte, und manches Mal saß ich, umhüllt vom eleganten Kleid meiner Bettdecke, am Schreibtisch meines bezaubernden Cottages und schrieb meinen nächsten Roman.
Ja, denke ich, träumen ist so leicht, und ich erkenne plötzlich, wie schön meine Kindheit auch manchmal gewesen ist.

## Disziplin

Meine Mutter hatte uns früher erzählt, dass sie sich als Kind gerne verkleidete, Theater spielte, dichtete, tanzte und sang. Wo war dieser Mensch, wo waren all ihre Talente, all diese Fantasie geblieben? Wann wurde sie stumm und grau und durch wen? Jetzt war sie vor allem ein Muster an Selbstdisziplin. Sie war eine Mutter, die unermüdlich schaffte und arbeitete. Wie mein Vater, der ebenso diszipliniert exakt seine Zeiten einhielt, immer pünktlichst zu Terminen erschien, wie ein Uhrwerk.
Und ich? Ich lasse mich fallen, stehe nicht auf, habe weder meine Gefühle noch meine Leistung im Griff.
Stimmt die Aussage des Professors, die sich in mir zu der These verdichtet hat, dass mein depressives Gemüt mangelnde Selbstdisziplin ist? Kann es denn so simpel sein, alles zu ändern? Kann ich mir einfach so einreden, dass ich diese Gedankenschleifen nicht mehr will? Kann ich sie stoppen, alleine durch Willenskraft?
Der traumlosen Nacht folgt ein sonniger Morgen. Ich räume auf und putze, miste aus, schreibe eine Bewerbung und arbeite an meinen anderen Projekten. Ich spüre zwischendurch, wie

meine Gedanken davonspringen wollen, und lasse es nicht zu.
Als alles erledigt ist, was heute erledigt werden kann, und ich mir vorstelle, wie Adrian dies erfreut schweigend bemerken wird, zwänge ich mich in meine Laufkleidung und gehe hinaus.
Mein Atem wird ruhiger, während um mich herum tausend Grillen im Chor zirpen. In meinem Bewusstsein braut sich die Zusammenfassung der zuletzt gehörten Weisheiten des Professors zusammen: Ich bin eine verwöhnte, undisziplinierte, eitle Narzisstin. Das denkt er über mich. Wieder fühle ich mich peinlich berührt, auf der einen Seite falsch und auf der anderen Seite vollkommen erfasst.
Ich bin sicher, da gibt es noch einen anderen Blickwinkel. So will ich es nicht stehen lassen, denke ich trotzig.
Als ich vom Laufen zurückkehre, meine Muskeln spüre, nicht zu sehr, nicht zu wenig, erfreue ich mich an dem, was ich heute geleistet habe. Und ich bemerke, dass hier tatsächlich ein kleiner Schlüssel für meine Selbstachtung verborgen ist.

## Stempel

Wenn ich es schaffe, mir Achtung zu schenken, will ich es auch mit der Wahrheit tun. Ich will ihr und mir nun endlich direkt ins Auge sehen. Jetzt endlich will ich mein eigenes Selbst entdecken, meine Facetten besser verstehen, alles über mein seltsames Ich erfahren. Wieder beginne ich meine Recherche, um sicher zu sein, was ich tue. Ich lese Bücher über Hochbegabung und erfahre, dass es nicht nur die kognitive Leistung anders ist, sondern auch zahlreiche Unterschiede im Verhalten, Denken und Fühlen bestehen.
Und dann steht da plötzlich dieser Satz: Kinder, bei denen eine

Hochbegabung nicht erkannt oder akzeptiert wurde, berichten später, dass sie als arrogant, hinterlistig, besserwisserisch, egoistisch und bösartig bezeichnet wurden.
Mein Herz schlägt schneller und pocht in meinen Ohren, in denen wieder die Stimme meiner Mutter laut wird: „Wenn du in den Spiegel schaust und in deine Augen blickst, dann siehst du das Böse." Ein Schauer krabbelt kalt vom Nacken an meinen Armen, meinem Rücken hinunter und an meinem Hinterkopf herauf.
Ich sehe mich sitzen, an die Wand gelehnt und die Beine hochgezogen, meine keifenden Eltern beobachtend, die sich Blitze des Hasses hin- und herschicken. Und ich höre zu, versuche zu verstehen, zu erkennen, versuche zu helfen, zu vermitteln. Doch da wenden sich zwei hasserfüllte Köpfe mir entgegen und der Sturm bricht über mich herein. „Oh, Madame! Du listiges, arrogantes Biest, du hältst dich wohl für was Besseres, uns Ratschläge zu erteilen?" Ein Dramadreieck. Wieder und wieder.

*Bin ich hinterlistig, böse?*
*Oder hochbegabt?*

Für Hochbegabte ist Schweres leicht und Leichtes oft schwer, lese ich weiter. Dann brauchen sie länger, weil sie nach dem Haken einer zu leichten Aufgabe suchen. „Sie braucht oft mehr Zeit als vorgesehen", hatte auf einem meiner ersten Zeugnisse gestanden und ich habe mich Jahrzehnte dafür geschämt.
Hochbegabte zweifeln viel an sich und der Welt, weil sie alles hinterfragen, durchfliege ich die Zeilen weiter. Sie sind meist schlechte Lügner und tragen ihre Gedanken auf der Zunge. Sie erkennen eine Lösung und jeden Fehler sofort und sprechen ihn an, so dass sie als besserwisserisch gelten. Sie sind oft unbeholfen in Alltagsdingen, Autoritäten und Routine sind ihnen

ein Graus. Durch ihre anderen Interessen und Gedankenstrukturen fühlen sie sich oft fremd in ihrer Umwelt. Mädchen verstecken sich deshalb bald und fast automatisch bestenfalls im Mittelmaß. Besonders dann, wenn ihrer Außergewöhnlichkeit mit Missfallen begegnet wurde, spalten sie diese Teile von sich gewaltsam ab, was oft zu Depressionen führt.

Könnte diese Diagnose die Teile erklären, die die Erlebnisse meiner Kindheit und die Diagnosen Immundefekt und Hochsensibilität noch offen ließen? Habe ich wieder einmal Läuse und Flöhe und Ratten? Kann ich nicht einfach mal normal sein?

Doch wie kann ich jemals ich sein, wenn ich tatsächlich anders bin, mich aber genau dagegen sträube?

Mein zersplittertes Ich hat noch kein Zuhause gefunden, zerborsten zwischen den eigenen Gefühlen und den anderen Meinungen, keine Klarheit oder Wahrheit, keine Vase für den Blumenstrauß von Möglichkeiten, keinen Grund, auf dem meine Füße stehen konnten. Und so wäre wohl die Diagnose Hochbegabung das richtige Bild für mein Puzzle, der richtige Grundriss für mein verschachteltes Haus.

Vielleicht ist es das, was am Ende die nachhaltigste Last meiner Kindheit war: meiner Eltern Stempel, eingebrannt in meine Stirn, in mein Herz und meine Seele. Ihr Urteil über mich, dessen Richterhammer so fest zuschlug, dass ich in zwei Teile zerfiel.

Durch vorgefasste Meinungen können Missverständnisse entstehen, traurige Irrwege, Umwege, verlorene Zeiten, undenkbarer Einklang. Wenn wir bereit sind, den anderen und uns selbst in der ganzen Klarheit zu erkennen, mit allen Facetten aufzunehmen, alle Tiefen und Höhen zu entdecken und zuzulassen, wird es eventuell leichter, miteinander umzugehen. Dazu noch die Akzeptanz, dass man nie alles über den anderen und über das eigene Ich wissen kann. Ein Urteil kann immer ein Fehlurteil sein. Aber es ist nie zu spät, für niemanden, eine neue Richtung einzuschlagen.

## Der Test

Ich vereinbare einen Termin für einen IQ-Test und eine Begabungsanalyse. In den Tagen des Wartens schwanke ich zwischen Vorfreude und Panik.
Ein verschüchtert wirkender Mann öffnet mir die Türe, bittet mich in einen leeren Raum. „Ich bitte Sie gleich herein“, sagt er und lässt mich warten. Minuten verrinnen. Ich höre Stimmen von nebenan. Und fast schon will ich wieder gehen.
Im Verlaufe des Tests klingelt mehrfach sein Telefon, er unterbricht zuerst unser Gespräch und dann meine Aufgaben und wieder surrt es. Ich verliere vollkommen die Fassung, als ich das Gefühl habe, mich nicht konzentrieren zu können und nicht in der Schnelligkeit, die ich von mir erwarte, die richtigen Lösungen zu finden. Ich biete dem Psychologen an, den Test zu unterbrechen, weil er sicher noch nie einen solchen Idioten hätte testen müssen. Später dann stürze ich noch heulend zum Bad, schließe mich ein und habe das ohnmächtige Bedürfnis, meine Stirn und Schläfen gegen die Wand zu schlagen. Ich verachte mich. Ich versuche, mich zusammenzureißen und atme. Ich denke an Adrian, der mich liebevoll zu diesem Test ermutigt hatte. Ich sauge die Luft durch die Nase ein, tief in meinen Bauch und gehe zurück.
Endlich ist es vorbei. In elf verschiedenen Testabschnitten wurde das Spektrum intellektueller Fähigkeiten abgefragt. Ich spüre, dass ich gescheitert bin, und ich schäme mich. Ich höre

kaum, dass der Prüfer sagt, dass ich in allen Kategorien überdurchschnittlich bis weit überdurchschnittlich abgeschnitten habe. Ich schaue nicht auf den großen Abstand all meiner Ergebnisse zur Norm, der trotz meiner Ausbrüche und der vielen Störungen deutlich erkennbar ist. Ich nehme nicht wahr, dass nur etwa ein Prozent aller Menschen noch bessere Leistungen hätte erbringen können. Ich sehe nur, dass ich so unendlich viel dümmer bin als Goethe und da Vinci. Es ist wie der vierte Platz bei einer sportlichen Meisterschaft. Ich war nicht gut genug! Ich höre kaum, dass der Prüfer erklärt, dass maximale Werte nur in Einzeldisziplinen möglich sind. „Sie aber sind ein intellektueller Zehnkämpfer." Nein, ich habe versagt. Es fühlt sich niederschmetternd an. Meine Erwartungen an mich selbst kämpfen erbittert. Ich weine. Vor Enttäuschung. Über mich.
Ganz dumpf höre ich, wie der Psychologe äußert, dass ich offensichtlich ein massives Problem mit einem übersteigerten Perfektionismus habe: „Sie gehen von völlig falschen Bedingungen aus. Sie sollten anfangen, Ihre Leistungen und Fähigkeiten nicht weiterhin mit einem theoretischen Maximum, sondern in Richtung Durchschnitt zu vergleichen. Wenn Sie nicht akzeptieren, dass etwas, was aus Ihrer Sicht kaum ausreichend ist, für andere schon sehr gut sein kann, werden Sie Ihrem persönlichen Glück und beruflichen Erfolg immer im Wege stehen. Ihre Denkstruktur unterscheidet sich grundlegend vom Normalen. Entspannen Sie sich. Sonst überfordern Sie sich selbst und Ihre Mitmenschen mit all Ihren Erwartungen." Und dann ergänzt er noch: „Wir haben hier Ihre Intelligenz, nicht Ihre künstlerischen oder sozialen Fähigkeiten getestet. Mit Blick auf Ihr homogenes Leistungsprofil aber können Sie davon ausgehen, dass Sie auch in diesen Bereichen deutlich über der Norm abschneiden würden." Ich denke daran, dass ich mich bisher eigentlich immer nur im kreativ-musischen und

sportlichen Bereich hervorgetan hatte und hier jeder meine größten Talente sah. „Aber ich bin so ungeschickt. Dauernd stolpere ich, verschlucke mich oder lasse etwas fallen! Oder ich ziehe und ziehe an einer Tür, an der das Schild ‚Drücken' steht. Und ich bin krank und oft so deprimiert", widerspreche ich. „Das steht auf einem anderen Blatt", lächelt er mir milde zu. Doch in mir brennt der Drang, mich niederzumachen, ausgleichende Gerechtigkeit herzustellen, um schnell jeden Anflug von Stolz auszumerzen, weil ich ohnehin ständig wanke zwischen größenwahnsinniger Selbstüberschätzung und selbstzerstörend zweifelnder Entwertung. Ich fange nichts ernsthaft an, wenn nicht die Chance besteht, darin die Beste zu sein, und ich beginne nichts, worin ich die Beste sein könnte. Wann ist gut gut?

Dennoch sickert es langsam. „Die überdurchschnittlichen Ergebnisse des Tests belegen, dass die Probandin über ein außerordentlich großes intellektuelles Leistungspotenzial verfügt. Sie erreicht das statistische Kriterium für das Vorliegen einer allgemeinen intellektuellen Hochbegabung", lese ich im Abschlussbericht.

*Endlich weine ich auch vor Erleichterung.*

Warum mache ich mich so fertig? Habe ich mir die größten Genies als Maß gesucht, um gründlich scheitern zu können? Um immer im Blick zu haben, dass ich viel schlechter bin als jemand, und damit auch nie gut? Dass ich nie etwas Besseres und damit noch immer eine gehorsame Tochter bin?

*Ich bin kein totaler Versager?*
*Ich bin wirklich hochbegabt?*

*Ich*
*bin*
*nicht*
*böse?*

Ich greife zum Telefon und rufe meine Mutter an. „Ich bin hochbegabt“, sage ich, „nicht böse.“

„Ja“, antwortet sie unaufgeregt und dass sie das Ergebnis nicht überrascht.

Vielleicht hat sie es immer geahnt? Vielleicht ist meine Geschichte in Teilen eine Wiederholung ihrer Geschichte? Vielleicht erkennt sie in mir auf der anderen Seite Züge meines Vaters wieder? Vielleicht hat sie in mir schon lange die Schnittmenge meiner Tanten und Onkel gesehen, über die die Familie am lautesten herzog? Vielleicht sind sie alle in ihrer Andersartigkeit ganz eigen, und vielleicht können alle einander erst dann so annehmen, wenn sie sich zuerst selbst akzeptiert haben?

Adrian ging schon ab der dritten Klasse in eine Schule für besonders begabte Kinder. Vielleicht brauchen wir deshalb nur Blicke, um einander zu verstehen, weil uns ein tiefes Grundverständnis, ein überwiegender Gleichklang der Wahrnehmung verbindet? Adrian weiß ganz entspannt um seine eigene Klugheit, so dass er mir sorglos meinen eigenen Kopf zugestehen kann.

Eine plötzliche Befreiung sind meine Werte nicht. Diffus höre ich in den Tagen danach den Nachhall der Sätze des Psychologen. „Egal, wofür Sie sich entscheiden, Sie können alles.“ Langsam und verwirrt beginne ich, das Ergebnis anzunehmen. Und trotzdem: Was soll ich damit anfangen? Wo liegt der Unterschied für eine Wahl, wenn man nichts kann oder alles? Wofür all die Interessen und Kenntnisfragmente, wenn ich nicht weiß, womit ich beginnen, wofür ich mich entscheiden soll? Wofür die tausend Ideen, wenn sie halb fertig in meinem Schreibtisch verwittern, weil mich schon der nächste Einfall fesselt, ich aber auch nichts endgültig aufgeben mag? Wo finde ich einen Platz für mich, an dem ich mich sinnvoll entfalten kann? Im Leben gibt es keinen Zehnkampf und respektiert wird nur, wer der Beste ist. Und das darf, das kann ich nicht sein.

Dann noch dieser Satz: „Es ist erstaunlich, dass Sie das Abitur gemacht haben, viele steigen vor Langeweile viel früher aus."

War die Krankheit meine Zuflucht? Durch die langen Fehlzeiten habe ich den Schulstoff immer in komprimierter Form nachholen müssen. Hatte ich Abitur und Studium also nicht trotz, sondern wegen meiner Gebrechen geschafft?

Als schlau galt ich zwar immer irgendwie, aber im Gepäck dieser Eigenschaft waren automatisch meine Arroganz, meine Listigkeit, meine Bösartigkeit, mein Egoismus.

So habe ich nie gelernt, das Positive, die Energie dieser Eigenschaft zu entdecken. Wie hätte ich darauf stolz sein wollen, zumal das Wort Stolz so sehr verpönt war?

So unendlich träge marschiert mein Wissen auf das Terrain der Erkenntnis und schleicht mühsam weiter in mein Selbstgefühl. Noch immer hocke ich auf dem Dach meines eigenen Hauses, erkunde nur langsam in Stippvisiten Raum für Raum in mir, ohne das Innere wirklich zu bewohnen. Zu neu ist es noch und zu fremd.

Schwarz auf weiß sind nun meine geistigen Fähigkeiten bewiesen. Ist nun die Zeit vorbei, dass ich mich ständig fast panisch darum sorge, dass mich jemand meines Äußeren wegen für ein Dummchen halten könnte? Oder dass ich mit dem geringsten Fehler, der mir unterläuft, einer ungelenken Tat diese These untermauere? Bisher war ich immer auf der Hut, alles richtig zu machen, mich zu beweisen. Kommen auch daher die innere

Anspannung und die hochgezogenen Schultern? Wie viel dessen, woran ich leide, liegt in mir selbst, in meinem Wesen?
Nach und nach entfaltet sich das unbehagliche Bewusstsein, dass ich nicht mehr alles, was ich bin und was ich leide, meiner Kindheit aufbürden kann und will.
Wenn ich bisher träumte, eine Therapie heile mich zur Vollkommenheit, so darf ich mich nun der schmerzhaften Gewissheit stellen, dass ich hoffnungslos einfach die bin, die ich bin. Und anfangen darf, beginnen muss, mich endlich in mir einzurichten.

*Ich selbst bin ich.*
*Ich werde mein Wesen nicht los.*
*Niemals.*

Und kein Talent auf diesem Globus reicht, um sich auf ewig sanft darauf zu betten. Wie auch kein Same sprießt, wenn er nicht gegossen und gewärmt wird. Ich entschuldige mich vor mir selbst, dass ich meine wahre Berufung noch nicht gefunden habe. Aber nun gelingt mir nur noch mit Mühe, es mir auch zu verzeihen.

## Neue Freundschaften

„Du wirst mich nicht los“, droht Adrian lachend, als wir endlich einmal wieder gemeinsam eine Tour fahren. Spontan haben wir die Räder ins Auto gepackt und sind hinausgefahren in eine Ebene, wo auch ich eine Chance habe. Adrian hatte kurz einen Stein aus seinem Schuh entfernen müssen und ich war in die Pedale getreten, so schnell ich noch konnte. Doch schon prescht er von hinten heran, grinst und schießt gleich an mir vorbei. „Du mich auch nicht!“, puste ich, greife nach seinem Sattel und lasse mich ein paar Meter von ihm ziehen. An einer kleinen Anhöhe bleiben wir stehen, um uns zu orientieren. „Schön hier“, sage ich und Adrian nickt. Ich reiche ihm meine Trinkflasche, natürlich hat er seine wieder vergessen, und er nimmt nur so viel, dass für mich noch ein großer Schluck übrig bleibt. „Wir müssen zurück“, bemerkt Adrian, „wir haben noch viel zu tun.“

Nachher werden noch Freunde zu Kaffee und Kuchen kommen, neue Freunde, die wir in den letzten Jahren haben finden dürfen. Freunde, die sich ganz nah, ganz selbstverständlich anfühlen, bei denen auch ich einfach sein kann, ohne tausend Gedanken. Manchmal erinnere ich mich noch an die Zeit mit Caren zurück, und es fällt mir wieder ein, als mir auf der Rückfahrt der Wind durchs Gesicht streicht. Dann denke ich darüber nach, was sie zu all dem sagen würde, was in den fünf Jahren seit meiner Hochzeit geschah. Manchmal frage ich mich, ob es ihr gut geht. Doch stets bin ich sicher, dass es richtig war, dass sich damals unsere Wege trennten. Lange hatten wir einander begleitet, nun aber tun mir andere Menschen wohl. Ich bin dankbar dafür, dass es zu jeder Zeit möglich ist, neue Freundschaften zu schließen. Und es ist erstaunlich, dass, je mehr man mit sich selbst in Einklang ist, Freundschaften umso inniger werden. Und sie es noch leichter machen, auch nach außen authentisch zu sein. Nicht von heute auf morgen, doch nach und nach.

## Ich

Inzwischen bin ich genauso stolz auf mein Testergebnis, wie ich mich dafür schäme. Es macht mir gleichzeitig so viel Druck, wie es mir Erleichterung verschafft, ist Erklärung und Frage zugleich. Trotz der Hochbegabung fühle ich mich noch immer enttäuscht, von mir. Was, zum Teufel, habe ich von mir erwartet, gleichzeitig befürchtet und dann auch wieder nicht für möglich gehalten? Zu viel nehme ich mir stets vor, um mich dann, „ich habe es doch gewusst!", kläglich scheitern zu sehen. Ich absurdes Wesen, was will ich von mir?
Mir fällt Spinoza ein, der sagte, dass es Hochmut sei, wenn ein Mensch sich eine Vollkommenheit beimisst, die bei ihm nicht zu finden ist. Ich schaudere.
Was ist bei mir zu finden, resümiere ich für mich: Ich bin eine Frau, neununddreißig Jahre alt, verheiratet mit meiner großen Liebe, dankbare Bonusmutter, hochsensibel, als Kind misshandelt und gedemütigt, zu vierzig Prozent behindert, auch deshalb und wahrscheinlich ungewollt eigenkinderlos. Ich bin so unglaublich ungeschickt, dass ich am Rand der Yogamatte umknicke und mir den dritten Bänderriss zuziehe. Ich bin mit meiner Karriere hoch geflogen und tief gefallen, ich bin verschuldet und vermutlich bald bankrott. Ich war bisher sechsundzwanzig Mal im Krankenhaus, bin noch häufiger operiert worden. Ich bin manchmal depressiv, mal zuversichtlich, mal liebe ich mich mehr, als ich mich hasse, mal ist es wieder andersrum. Ich bin ein Öko, ein Biotarier, ein Beobachter und Zweifler, ich bin Pazifist, und wohl kann ich mich Agnostiker nennen. Ich kann singen und tanzen, zeichnen und schreiben und auch Melodien fallen mir ein. Ich wache von jedem Vogelzwitschern auf, weshalb ich mit Ohrstöpseln schlafe, ich erspüre jeden Hauch, jeden Geruch, jeden falschen Ton. Ich bin

groß und schlank ohne Zutun, bin ein medizinisches Phänomen, weil ich einzigartige Nebenwirkungen habe und so außergewöhnliche Allergien, dass sie kaum in der Fachliteratur zu finden sind. Wenn ich glücklich bin, bin ich es kurz und intensiv, wenn ich verzweifelt bin, schlage ich meinen Kopf an die Wand oder verprügle ihn und hämmere an meine Schläfen. Bis jetzt jedenfalls.

Ich passe nur selten in irgendeine Norm und wäre so gerne wie ungern normal. Ich habe von zu vielem zu viel bekommen und ich gönne es mir nicht. Denn auch von Missgunst mir gegenüber bekam ich zu viel. Manchmal möchte ich tot sein und manchmal trage ich tagelang nichts anderes als meinen Schlafanzug und fettiges Haar. Ich habe kein Haus, kein Auto und kein Vermögen, aber ich habe Träume und meine Fantasie. Und über all das hinaus, was die Fakten sind, bin ich Mensch. Und nun auch noch hochbegabt, mit all den Folgen, die es nach sich zieht und auch immer schon zog, als ich es nicht wusste. Und genauso einzigartig und genauso alltäglich wie alles andere, was mich bezeichnet, ist mein Wesen, facettenreich und weit.

Jetzt muss ich zudem lernen, die mir geschenkten Potenziale anzunehmen, ohne Angst, ohne schlechtes Gewissen, ohne den ausgleichenden Morast von Krankheit, Scham und Misserfolg, mit dem ich sie zu verbergen suche, und ohne den gierigen Blick auf jede Schwäche, jede Ungeschicklichkeit. Ich muss lernen, zuzulassen, auch besser in irgendetwas zu sein, weil es etwas anderes ist, als sich als etwas Besseres oder gar als ein besserer Mensch zu fühlen. Möglicherweise wäre sogar der nächste Schritt, mich einfach in keine Richtung im Außen zu messen, sondern schlicht nur an meinem Gefühl. Auch ohne auf die Rückmeldung anderer zu lauern, vor allem aber auf die Billigung durch meine früheren Eltern. Und dann wäre es mir viel-

leicht irgendwann möglich, einfach zu tun, einfach zu sein, ohne Wertung, ohne Stempel, ohne Urteil.
Wenn stimmt, was Adrian immer sagt, dass wir alle alles in uns haben, gibt es noch viel zu entdecken. Vielleicht werde ich mir dann, endlich, die Vollkommenheit zugestehen, ganz einfach ich selbst zu sein.

## Gute Erinnerungen

Wir hatten es doch schön damals ... Die Worte klingen mir noch immer in den Ohren. Nach und nach erinnere ich mich. Es war nicht alles schlecht. Stets waren wir gut versorgt. Ida und ich haben nie deshalb eine Einschränkung erfahren, weil wir Mädchen waren. Im Gegenteil, mit einer erfolgreich arbeitenden Mutter hatten wir gewusst, dass beides möglich ist, Familie und Karriere. Als ich in der Oberstufe eine ausgeprägt feministische Lehrerin bekam, fragte ich mich, wovon sie so feuereifrig sprach und ob sie die politischen Entwicklungen möglicherweise verpasst hatte. Jedes von uns drei Kindern durfte zwei Ausbildungen oder Studiengänge absolvieren, um beruflich einen passenden Weg zu finden.
Unsere Eltern waren nicht streng und sie taten viel für uns, fuhren uns zu unseren zahlreichen und ständig wechselnden Hobbys, wenn sie außerhalb der Entfernung lagen, die mit dem Rad zu erreichen war. Wenn uns etwas zerbrach, egal wie wertvoll es war, schimpften sie nicht, weil sie wussten, dass es keine Absicht war. Wir hatten unsere kleinen Aufgaben im Haushalt, doch wir hatten unendlich viel Zeit zum Spielen, zum Lesen, zum Erfahrungensammeln. Sie trauten uns viel zu. Schon mit vierzehn und dreizehn durften Ida und ich allein mit dem Zug

verreisen, zwei Tage an die See in eine Jugendherberge, und im Jahr drauf sogar schon vier Tage und noch viel weiter weg. Unsere Eltern lehrten uns, Dinge in die eigene Hand zu nehmen, wissbegierig zu sein und noch vieles mehr.
Wenn unsere Eltern nicht mit sich oder gegenüber uns in Rage waren, durften wir unsere Meinung kundtun, an Diskussionen mit Erwachsenen teilnehmen. Stets wurden wir ermuntert, mitzudenken und zu handeln. Als ich einmal mit meinem Vater in der Stadt war, ich war noch im Kindergartenalter, hatte ich eine Frage zu einem Produkt oder Schild, das ich im Schaufenster eines mir fremden Geschäftes sah. Auch mein Vater wusste keine Antwort und so ermutigte er mich, hineinzugehen und zu fragen. So ging ich kleines Mädchen allein in das Geschäft, sicher, weil mein Vater draußen auf mich warten würde. Drinnen schauten mich zwei freundliche Damen erstaunt an. Ich stellte meine Frage, bekam eine Antwort und kam unheimlich stolz wieder zurück. Ich fühlte mich erwachsen und sehr vernünftig.
Mein Vater war es auch, der uns rechnen lehrte. Geld und Münzen waren sein Hobby. Er hatte ein kleines Kästchen mit verschiedenen Pfennigstückchen, das er regelmäßig hervorholte, wenn er sich geduldig mit uns an den Küchentisch setzte. Er war es, der vierzig Jahre lang Tag für Tag zur Arbeit ging, die ihm eine Last war, unserem Dasein aber finanzielle Freiheit gab.
Unsere Mutter sorgte mit viel Aufwand für uns, kochte uns regelmäßig unsere Lieblingsspeisen, gab sorgsam Acht auf jede unserer Vorlieben und Abneigungen. Sie reparierte, was wir unbedacht zerstörten ohne ein Wort des Vorwurfs, sie räumte und putzte, dass unser Zuhause und auch unsere Zimmer nie im Chaos versanken. Sie fuhr uns überall hin und holte uns ab. Ich weiß, dass sie sich stets ängstigte, uns könne etwas zusto-

ßen, und sie war froh, wenn wir gesund zu Hause waren. Und sie war es, die mich den Zauber der Worte und Geschichten lehrte.
Wenn es nur nicht diese Ausbrüche gegeben hätte, die so schauderhaft und gewaltig über uns hereinbrachen. Er war warm und doch unnahbar, sie ganz nah und doch so kühl.
Es war, als ob in unseren beiden Eltern Engel und Ungeheuer zugleich wohnten. So gab es nie eine Sicherheit, keine Ruhe. Immer nur die Stille vor dem nächsten Sturm. Je schöner ein Moment war, umso schrecklicher konnte er enden. Und dennoch, jeder Teil meines Weges, jeder Schritt, wie schwer er auch immer war, hat mich hierher geführt, an den Punkt, an dem ich heute stehe.

## Mein Leben

Früher wurde mir übel beim Gedanken, etwas vom Wesen meiner Eltern geerbt zu haben. Nun denke ich, dass es auch Gutes sein kann. Hohe Sensibilität und weiser Verstand meines Vaters. Die vielen Talente und den schnellen Scharfsinn meiner Mutter. In mir vereint.

*Je mehr ich mich schätze, desto mehr schätze ich sie.*
*Es ist spät, aber nun, bevor ich vierzig werde,*
*will ich wagen,*
*finden,*
*eins sein.*

Habe ich nicht auch von meinen Eltern meine Kraft und Fähigkeiten bekommen, die mir nun hilfreich sind? Vielleicht ist Ablehnung unangemessen, vielleicht reicht Gleichgültigkeit nicht, vielleicht darf es auch eine große Portion Dankbarkeit sein? Wenn auch teilweise zerstört, brachliegend, zerborsten, habe ich doch auch das Gute und all meine Möglichkeiten von ihnen erhalten.

Nach und nach erkenne ich, dass sie immer alles getan haben, alles, was sie konnten.

Und mehr war einfach nicht drin.

So ist dies nun ein Dank an euch, meine Eltern. Bei all dem, was ich euch vorwerfen darf, bei all dem, was ich durch eure Hand und euer Wort durchlitt, will ich dies nie vergessen: Dass ihr es gewagt habt, trotz eurer eigenen Erfahrungen, das Abenteuer Familie einzugehen. Dass ihr alles tatet, so gut ihr es nur konntet, und dafür danke ich euch. Denn nur durch euren Mut und Entschluss bin ich hier auf dieser Welt. Ich verdanke euch mein Leben.

Und deshalb, wenn ich es schon mal habe, will ich es nun auch gut werden lassen. Ich will es von nun in eigener Verantwortung angehen, ohne Groll im Jetzt sein und voller Zuversicht in meine Zukunft gehen. Ich will wagen, finden, eins sein.

*Ich habe neue Eltern,*
*die gut sind und für mich da.*
*Die sich sorgen, die mich stützen.*
*Die helfen, wo es geht.*

Ich will endlich aufhören, mit dem Finger auf meine Eltern zu zeigen, auf meine Kindheit und ihr alle Schuld zuzuschieben. Denn vieles ist, das weiß ich nun, nicht Vergangenheit, sondern Gegenwart in mir drin und wird auch meine Zukunft sein.

Ich bin, wer ich bin, mit all meinen kruden Gedanken, Ängsten

und Fantasien, so voller in Scham verkapselter Wut, der ich vielleicht irgendwann zugestehe, Energie zu sein.
Ich will nun mein Dasein selbst gestalten, Verantwortung übernehmen für mich und leben, statt nur zu träumen. Ich werde mich aufmachen, mich kennenzulernen, mich mit allen Facetten anzunehmen. Ich will daran glauben, dass Adrian und ich uns nicht im Nebel verlieren, so wie es wohl vielen Paaren ergeht, die in einer Therapie den Berg der Erkenntnis erklimmen, doch die dann, wenn der Nebel sich lichtet, weit voneinander entfernt auf verschiedenen Gipfeln stehen. Ich will daran glauben, dass wir uns weiter so nahe sind, dass die Spitzen unserer kleinen Finger sich immer berühren und wir gemeinsam denselben Berg hinaufsteigen.
Trotz vieler Schritte bin ich noch nicht am Ziel. Es wird immer neue Rätsel, neue Verletzungen geben, neue Heilungen und neue Ideen. Das Leben hört nie auf, ein Weg zu sein.
Mein Rucksack ist gefüllt. Mit Erkenntnis, Dankbarkeit und Wissen. So viel ist vorhanden, doch noch ist nichts sortiert.
Ich finde mich noch nicht darin zurecht und es mangelt mir an Selbstverständlichkeit, an Routine dabei, ich selbst zu sein. Vor allem aber fehlt noch immer ein Sinn, der meinem Dasein Recht verleiht. Bei aller Erkenntnis bleibt diese Frage so unerklärlich ungeklärt: Was soll ich hier in dieser Welt? Wozu meine eigene Entwicklung, wenn ich den ewigen Lauf der Generationenlast nicht durchbrechen werde?

## Der Garten

Der Professor blickt mich durch seine dicken Brillengläser prüfend an. „Warum sagen Sie voller Entsetzen: Oh Gott, ich kann mich nicht entscheiden? Warum sagen Sie nicht ganz gelassen: Nein, so schnell kann ich mich jetzt nicht entscheiden? Warum der Nachdruck, warum dieses Urteil? Warum nicht endlich ein gnädiger Umgang mit Ihrem Selbst?"

Ich werde rot bei dem Gedanken, wie ich in dem gestrigen Vorstellungsgespräch aus der Fassung geraten bin. Ich war alles andere als souverän, dabei hatte das Gespräch so gut begonnen. Und dann, oh Gott, konnte ich mich bei einer zu einfachen Frage nicht entscheiden! Ich geißele mich für mein Versagen, das keine Klugheit tilgen kann. Wieder diese prüfende Betrachtung seiner Pupille. Ich weiche ihr aus und sehe zur Tür.

„Ich wünsche mir, ich wünsche Ihnen, dass Sie lernen, freundlich, geduldig, liebevoll mit sich umzugehen", er macht eine Pause, bevor er nachdrücklich sagt: „Es darf Ihnen gut gehen."

Vor dem weißen Hintergrund der Tür erscheint eine kleine Gedankenblase, ganz winzig, ganz verschwommen.

„Wenn ich daran denke, dass es mir gut gehen könnte, sehe ich eine Miniatur eines Gartens, nur so groß wie eine Seifenblase."

„Können Sie beschreiben, was Sie sehen?"

„Nein, das geht nicht. Immer, wenn ich mich ihr nähern will, weicht sie zurück."

„Das lasse ich nicht gelten. Halten Sie fest, sehen Sie genau hin. Gehen Sie in den Garten und wandern Sie umher."

Es kostet mich viel Anstrengung, es fassbar zu machen, an das Bild heranzukommen. Doch dann bin ich dort. Ich stehe vor einer großen Buche, unter der eine hölzerne Bank steht. Ich erkenne die Buche, es ist mein Baum, der vor Jahren für mich auf dem Grundstück eines Onkels gepflanzt wurde. Sofort schießen Tränen in meine Augen.

„Beschreiben Sie, was Sie sehen", fordert der Professor mich auf. Und ich wende meine Aufmerksamkeit nach links und rechts, wende meinen Körper um und gehe nach und nach in diesem kleinen Garten einmal herum. Ich erahne Mirabellenbäume und Himbeersträucher und Rosen.

*„Es ist Ihr Garten“, sagt er leise.*

Ich kann es nicht fassen. Die Tränen rinnen unaufhörlich über mein Gesicht.
„Das ist nicht möglich.“
„Doch, das ist es. Denken Sie daran, wie Sie die Rosen gepflanzt haben. Erinnern Sie sich, wie Sie den Platz für die Buche ausgewählt haben. Spüren Sie die Erde an Ihren Händen, riechen Sie den Duft Ihrer Rosen, schmecken Sie die Früchte.“
„Darauf bin ich allergisch.“
„Nein, Sie können sie essen. Dort ist alles so, wie Sie es wollen.“
Ich weine und weine und kann nicht mehr aufhören.
Das Licht der untergehenden Sonne strahlt durch die umgebende Buchenhecke und bringt meine Tränen zum Glitzern. Langsam schaue ich mich um. Respektvoll, zögernd. Fassungslos.
„Wie groß ist Ihr Garten?“, höre ich von fern eine Stimme.
„Klein“, sage ich vorsichtig, „ungefähr hundert Quadratmeter?“
„Das ist zu wenig“, antwortet die Stimme und holt mich mit Nachdruck in die Wirklichkeit zurück. „Da muss es noch mehr geben.“
Als Hausaufgabe soll ich meinen Garten durchwandern, entdecken und alles aufzeichnen. Ein eigentümliches Gefühl begleitet mich auf dieser langen Autofahrt nach Hause. Ich höre Schumanns Träumerei, summe mit, aber ich höre nicht hin. Was will ich haben, welche Blumen und welche Bäume soll ich wählen und wo werde ich was pflanzen? Ich habe das Gefühl, einer nicht zu lösenden Aufgabe gegenüberzustehen.

In den folgenden Tagen bleibe ich morgens noch ein paar Minuten im Bett liegen, fantasierend. Ich suche nach weiteren Teilen meines Gartens. Ich wandere umher, mache Entdeckungen und beginne langsam, mich sicherer zu fühlen. Dann nehme ich mir ein Blatt Papier und mache eine erste Skizze. Und tatsächlich ist dort noch viel mehr. Ein Kiesweg, der zu einem Bauerngarten führt, in dem ein klassisch-englisches Gewächshaus steht. Der Eingang des Bauerngartens ist ein mit alten Rosen beranktes Tor, das den Blick öffnet auf die kleinen, mit schmalen Buchsbaumhecken umschlossenen Felder, in dem mein Gemüse wächst. Und drum herum überall Himbeersträucher. Auf der gegenüberliegenden Seite des Gartens, einige Meter entfernt, gibt es eine weitläufige Obstbaumwiese mit allen Früchten, die ich mir wünsche. Hier und da nasche ich und lasse mir alles auf der Zunge zergehen. Ich laufe umher, genieße mit den Augen, mit der Nase, mit den Ohren, mit meinen Händen, meinem Mund.
Der gesamte Garten wird umarmt von einem plätschernden Bachlauf, in dessen klarem Wasser sich die zotteligen Äste einer Trauerweide baden. Etwa in der Mitte des Gartens ist noch eine große, knorrige Eiche, unter der ein einladend großer Tisch steht. Ich weiß, dass wir hier mit Freunden feiern werden. Irgendwann. Doch nun will ich erst allein hier bleiben, alles ansehen, alles kennen, alles erkunden, sicher sein. Hinter der Eiche schieben sich verschiedene Laubbäume in die Sichtachse. Sie bilden ein kleines Wäldchen. Ich folge dem Weg dorthin und folge ihm auch über eine kleine weiße Brücke, die über einen Ausläufer des Baches führt. Dann bin ich auf einer kleinen Insel, die sich ganz verwunschen versteckt hat. Ich sehe ein kleines Häuschen aus Holz, in warmem Grau gestrichen, mit weißen Fensterläden an den Sprossenfenstern und einem Schie-

ferdach. Das ist der Ort, an dem ich schreiben, zeichnen, singen, meditieren, träumen, arbeiten, Ich sein werde.
Feuereifrig mache ich mich daran, den Pavillon einzurichten, ich suche Bilder, erweitere meine Skizzen. Ich wähle und vertraue meinem Bauchgefühl. Es ist leicht und klar und ich zögere nicht. Hier ist mein Ursprung, mein Refugium.
Es ist mein Garten.

*Fünf Jahre gesucht und so vieles gefunden.*
*Und nun einen Garten in mir.*
*Einen Ort, an dem ich sein kann,*
*in dem ich weiter wachsen darf.*
*Ich.*
*In mir*
*drin.*
*Sicher,*
*bis mein Atem endet.*
*Irgendwann.*

## Barfuß

Ich denke darüber nach, wie es ist, wenn man sein Kind in Schuhe steckt, dessen Größe man als Eltern selbst bestimmt, ohne es später wieder zu überprüfen oder zu korrigieren. Die Füße des Kindes wachsen darin, die Zehen verändern sich. Die Schuhe aber bleiben gleich. Und wenn das Kind dann anfängt zu humpeln oder über Schmerzen zu klagen, weil die Grenzen zu eng sind, oder es beginnt zu stolpern, weil die Schuhe der Erwartungen zu groß waren, wird geschimpft, dass das Kind sich nicht so anstellen solle. „Sei sittsam, bescheiden und rein …"

Das Kind lernt so nie einen sicheren Stand und auch nie seine eigenen Maße und Möglichkeiten kennen. Ich wünschte, ein Kind könne barfuß durch sein Werden laufen, die verschiedenen Untergründe spüren, die Gefahren, die sanften Berührungen vom Gras, die Bewegungen des Wassers im reißenden Bach, die Kälte vom Schnee, die Spitzen der Steine und nach und nach für sich entdecken, ob es Schuhe tragen möchte, wann, wie und in welcher Farbe, Größe, Form.

Nach und nach ist mir, als hätte ich mein ganzes Leben lang versucht, in Schuhe zu passen, für die meine Füße zu groß waren. Meine Füße zu groß? Zu sehr habe ich gelernt, mich selbst zu verleugnen, als dass sich diese Feststellung gut anfühlen könnte. Und schon pocht es an meinen Schläfen: „Sei nicht wie die stolze Rose, die immer bewundert will sein ..." Ich habe meine Zehen eingekrümmt, mich verbogen, lahmte und habe Schmerzen ausgehalten, nur um passender zu sein. „Sei wie das Veilchen im Moose ..." Doch egal, wohin ich mich wende, egal was ich tue, ich werde anecken, entweder an anderen oder an mir selbst.

Was wäre gewesen, wenn ich ohne meine einzwängenden Schuhe, ohne diese vielen Stempel auf meiner Stirn hätte in mein Leben gehen können? Ich will meine Zehen langsam entrollen, sie komplett entfalten, ihre Richtung bestimmen, und eventuell finde ich in der Zukunft ein Paar Schuhe, das zu mir passt, in denen ich gut laufen kann, meinen Weg gehe, mein Leben bestreite. Oder ich werde einfach barfuß gehen.

In dieser Nacht schrecke ich plötzlich hoch. Eine jähe Sekunde der Panik überfällt mich. Eine Sekunde der Angst vor dem Tod. Ich, die ich so lange im Nichts verschwinden, sterben wollte, hänge plötzlich am Leben, über Nacht. Weil ich jetzt einen Garten habe in meinem Kopf, den ich durchwandeln kann in schlaflosen Nächten? Weil ich neugierig bin, zu erleben, was

noch möglich ist? Weil ich mich endlich und immer mehr in mir wiederfinde?
Ich setze mich hin, beginne, meine alten Schuhe abzustreifen, und schreibe meine Geschichte auf. Nach und nach plätschert es aus meiner Seele, die Dimensionen meiner Wahrheit, die Nebelschwaden meiner Erinnerung, der Nachhall meiner Gefühle. Meine Finger jagen über die Tastatur und ich denke dabei an all die Kinder, die jetzt Ähnliches erdulden müssen wie ich damals, an die Erwachsenen, die Dinge erlebt haben wie ich. Die noch immer Opfer sind, die Alkohol brauchen, um die wachen Stunden zu überstehen, die mehrere Versuche unternahmen, ihrem Leben endgültig zu entfliehen, weil sie nicht an sich glauben. Ich denke an die, über denen noch immer die Drohungen ihrer Eltern hängen, dass sie kaum wagen zu atmen. Und an all die, die auf der Suche nach Innigkeit und Liebe sind, unfähig sie zu fühlen, außerstande sie zu leben.
Jeder von ihnen, jeder von uns hat seine eigene Geschichte. Uns allen ist eines gemeinsam, dass unsere Eltern uns nicht ohne Vorbehalt zu lieben schienen, dass sie uns verletzten und dass wir keinen Halt in uns selber fanden.
Nicht jeder hat den Mut für ein Nein. Und nicht jeder hat das Glück, dass die Eltern sich verändern, dass sie das Alte loslassen und ihren Kindern dann Raum für die eigene Entwicklung geben konnten. Dann sind diese Dämonen noch immer da, die Abwehr ist weiterhin ständig aktiv und keine Ressource frei für Leben.
All diesen Menschen bin ich tatsächlich begegnet, es gibt sie, überall leben sie, mehr oder weniger. Sie sehen kein Licht am Ende des Tunnels, haben keine Hoffnung, keine Idee, wie sie entfliehen können. Und während ich schreibe, wünsche ich ihnen den Mut und die Kraft zur Veränderung. Meine Eltern und ich sind dem Kreislauf entkommen. Heute lachen wir mitein-

ander und meine Kindheit ist Vergangenheit. So bin ich frei, meine Geschichte zu erzählen, und ich erzähle sie, weil einer beginnen muss, das Schweigen zu durchbrechen. Damit es irgendwann eine Generation von Menschen gibt, die in Liebe aufwächst und in Frieden miteinander lebt.

Und dann, nach ein paar Stunden, hebe ich die Hände von der Tastatur, klappe das Metalldöschen auf, das ich als kleines Memento in die Realität geholt habe und das auf dem Schreibtisch auf mich wartet. Ich tupfe drei der winzigen rosa Körnchen mit der Fingerspitze auf und lege sie auf meine Zunge. Ich schmecke diesen Hauch vom Salz meines Lebens und lächle. Das Böse ist nicht mehr böse, es ist Energie.
Adrian steht am Herd und kocht, als ich ihn wie zu jedem kurzen Abschied küsse. „Komm bitte pünktlich wieder“, mahnt er verschmitzt, „es gibt Fisch. Du weißt ...“
„Der darf nicht warten!“, vollende ich lachend seinen Satz.
Ich gehe hinaus in den Sonnenschein. Ich laufe los und atme die erste warme Frühlingsluft. Ich spüre den Rhythmus meiner Schritte, den Rhythmus meines Atems und in mir eine Ahnung vom wirklichen Bleibenwollen.

*Ich will aufhören zu suchen.*
*Ich will anfangen zu finden.*

*Denn dies hier ist mein Leben,*
*es ist auch meine Welt.*

*Es ist alleine meine Luft,*
*die jetzt durch meine Lungen strömt.*
*Es sind ganz meine Sonnenstrahlen,*
*die zärtlich meine Haut berührn.*

*Es ist mein Land, auf dem im Jetzt*
*mein Körper, meine Füße ruhn,*
*einzig mein Weg auf dieser Welt,*
*auf dem sie ihre Schritte tun.*

*Mein Apfel ist's, in den ich beiß,*
*mein Wind, der meine Wangen streicht.*
*Mein Vogelklang, der meinen Ohren zwitschert.*
*Mein Takt, in der die Zeit vergeht.*

*Leihgabe allen, so auch mir.*
*Es ist mein Leben. Meine Welt.*
*Und ich bin Teil von ihr.*

*Der Himmel über uns ist voller Sterne*
*Und wir sind nur so klein.*

*Doch kaum erfasst du Größe aus der Ferne,*
*nur, wenn du blickst hinein.*

*Verwechseln wir so häufig und zu gerne*
*die Wahrheit und den Schein.*